一隅《いちぐう》を照らす蠟燭《ろうそく》に

障がい者が〝ふつうに暮らす〟を叶えるために

社会福祉法人南高愛隣会　前理事長
田島良昭

中央法規

発刊に寄せて

◉

地域福祉構築への挑戦

社会福祉法人南高愛隣会は日頃からご支援ご協力をいただくみなさまのおかげで設立四〇周年を迎えました。〝ふつうの場所でふつうの暮らしを〟をキーワードに地域福祉の先駆けとして活動し、その挑戦はいまも続いています。

このたび法人設立四〇周年を記念し、設立者である田島良昭の歩みがまとめられました。私の父である田島良昭は、これまでの南高愛隣会を創り上げ、わが国の地域福祉発展に奔走してきました。南高愛隣会は父に命を吹き込んだ集団であり、私から両親を奪った憎き集団でもありました。子ども心に「南高愛隣会とはかかわりたくない」と思っていた私が、いつの間にか仲間に引き込まれたのは、悩み苦しみながらも、ただ一途に利用者の幸せを願って当法人で働いてこられた多くの職員の姿を見てきたからかもしれません。今後も南高愛隣会を共に支えていただければ幸いです。

この四〇年を振り返るとき、私は新しい福祉のあり方を考えさせられます。地域福祉において、とくに制度が整っていない中で、新しいものを切り開く凄まじいエネルギーを感じると同時に、次の世代では生み出されたものを磨き上げ、一般化・普遍化する取り組みが必要と強く感じます。

また、福祉の中だけで解決できる問題の大半はすでに対策が講じられ、われわれの目の前には、福祉分野だけではどうにも解決できないこと、あるいはとくに運営面において、福祉が一般社会のレベルに達していないなどの問題が広がっています。今後は福祉のアイデンティティを心に刻みながら、一般社会でおこなわれている当たり前のことを福祉の中に持ち込み、世の中にも認められる福祉へと化学反応を起こしていかなければなりません。福祉には現在日本が抱えるさまざまな問題を解決するかもしれない力があります。しかし、それはわれわれが狭義の福祉に閉じこもったり、福祉業界の中だけで通用する考え方や方法論に終始していてはなりません。

田島良昭の歩みから、地域福祉にかける父の中にある福祉のアイデンティティを再度体感することで、われわれがめざすこれからのより発展した地域福祉構築への挑戦の一助にしてまいりましょう。

たしまみつひろ　昭和四九年生まれ。幼少期に入所授産施設「雲仙愛隣牧場」で共に生活をおくる入所者とのかかわりから精神医療の道を志す。平成二三年より長崎県諫早市において医療と福祉の連携により地域での精神障がい者の生活を支えるＡＣＴ（Assertive Community Treatment）に取り組む。平成二四年、社会福祉法人南高愛隣会理事長に就任。

◉

社会福祉法人 南高愛隣会理事長／精神科医

田島光浩

一隅を照らす蝋燭に

目次

障がい者が〝ふつうに暮らす〟を叶えるために

第四章 自立できないと施設から出られない？ 117
――地域で暮らすこと

第五章 ふつうの暮らしとは〝愛する人との暮らし〟である 161

――障がい者の恋愛・結婚

第六章 刑務所が障がい者の居場所になっていた 187

――罪に問われた障がい者・高齢者

エピローグ

福祉の精神は不滅だ　219

プロローグ

ありがとう、善一大先生

平成二八年（二〇一六）七月二六日、神奈川県相模原《さがみはら》市の津久井やまゆり園で、入所者一九名が殺され、二四名が重傷を負う事件が発生しました。

亡くなった一人ひとりには友だちもいたでしょう。こんなことをしたい、あんなことをしたいという夢や希望があったはずです。それは無残にも消えてしまいました。事件当時、一九名の名前は公表されませんでした。警察は「遺族からも特段の配慮をしてほしいとの強い要望があった」と理由を説明しています。一人ひとりのかけがえのないたった一度の人生が、Aさん、Bさんとしか呼ばれず、まるでなかったかのように扱われてしまったのです。

昭和五二年（一九七七）一〇月二八日に社会福祉法人南高愛隣会を設立しました。以来四一年にわたって、知的障がいのある人の支援に取り組んできました。私は右も左もわからない、まさに手探りの状態で福祉の世界に飛び込みました。その中でいつも唯一の指針となったのは彼らの姿でした。

林田善一さんは、昭和五三年（一九七八）に第一期の入所者としてやってきました。善一さんは重度のリウマチとヘルニアを併発し、立って歩くこともままならなくなっていましたが、知的障がいがある人たちが、なにを望んでいるかを教えてくれました。たとえば、重度・高齢者の人が四〜五人で共同生活をおくるモデル住宅をつくったときのことです。燃えにくい構造の家を設計していただきましたが、それでも万一火災が起きたらどうなるかということが議論になりました。この家には農家とおなじような縁側があります。火災が起きたら、立って歩くことのできない重度の障がいのある人は、自分で窓を開けてゴロンゴロンと転がって縁側から庭に落ちればいいのです。これなら重度の障がいがあっても職員二人がかりで担いだり抱えたりしなくてすみます。また、善一さんにこの家のどこがいいかを聞いたことがあります。すると彼は満面の笑顔で「隣のかわいい女の子が毎日、ここを通るときに『おはよう』とか『ただいま』と声をかけてくれること」と言いました。女の子は隣のグループホームに住んでいる人たちです。しかも「四人！」と指を立てて。彼にとっては立派な設備よりも、愛する人がいるということのほうが重要なのです。また、あるときは馬を飼いたいと言い出しました。馬に乗ってみると歩行が困難な入所者も自然にリハビリができます。しかも楽しい。ヨーロッパではホースセラピーといって広く認知されていますが、日本ではまだどこもやっていませんでした。善

私が〝大先生〟と仰いだ林田善一さん。大切にしていた農園の前で写真におさまった。40年のあいだ彼と人生を共にする中で、彼からさまざまなことを教わった。善一さんのミクロなニーズに懸命に応えることが、結果的には全体の満足につながることを実感させられた。

一さんのおかげで乗馬療法というものに巡り合ったのです。いつしか私は善一さんのことを〝大先生〟と呼ぶようになりました。

私の師匠は善一さんだけではありません。清水武寿さんは昭和五九年（一九八四）の秋に南高愛隣会にやってきました。小頭症で先天性の重症心身障がいがあり、それまでの二八年間の人生のほとんどを病院のベッドの上で生きてきました。病院に会いに行くと、ベッドの周りの柵を握って揺さぶりました。そのため握力だけが非常に強く、しかし話すことも、立つことも、自分で食べることもできず、余命数週間と言われた人でした。せめて残りの命は自然の中でのびのび活動してほしいという両親の願いで南高愛隣会にやってきました。ところが〝数週間の命〟と言われた彼の身体は次第に健康になり、自分の足で歩けるようになり、動き回り、走ることまでできるようになりました。私のように短気でかんしゃく持ちの人間でさえ、武寿さんに会うと思わず微笑んでしまいます。なぜか心が癒されるのです。彼はそういう不思議な力を持っているのです。それは私だけではありません。毎年二月になると女性職員が列をなして私の好物のシュークリームを持ってきます。これには下心があって、シュークリームを渡すときに、「今年こそは武寿さんの担任にしてください」と言うのです。何人もの職員が武寿さんのおかげで素晴らしい職員に育っていきました。

彼らの姿から教わったのは「生きる」ということの意味です。生きるとは単に生命が続くと

私のもう一人の師匠である清水武寿さん。武寿さんはどんな人でも笑顔にするたいへんな力の持ち主である。私も彼を前にすると、いつも思わず微笑んでしまう。赤ん坊の頃から28歳まで国立療養所で過ごし、コロニー雲仙更生寮に来たときは、ほとんど動くことも歩くこともできず、余命数週間と告げられていた。（写真撮影：小山博孝）

いうことだけではありません。誰しもこういう生活をおくりたい、こうなりたいという夢や希望があります。夢や希望を叶えるために一歩踏み出すこと、挑戦すること、それができてこそ初めて「生きる」といえるのです。

津久井やまゆり園の犯人は施設の元職員でした。「意思疎通がとれない人間は生きている価値がない」と話しています。しかし、幸せに向けてもがき、努力し挑戦することそのものが生きている価値なのです。そして福祉の仕事とは、その幸せづくりのお手伝いをすることなのです。

平成二九年（二〇一七）九月、善一さんは九一歳で天寿をまっとうされました。善一さん、あなたがここに来て四〇年の歳月が流れました。あなたはここに来て幸せでしたか？　私たちはあなたの幸せのために役立つことができましたか？　南高愛隣会を設立して今年で四一年目になります。あらためてその道のりを振り返ってみたいと思います。

第一章 こうせい大臣になるぞ！

弱い者を助けるのが〝侍〟

江戸時代でもないのに、私がもの心ついて最初に覚えたのは切腹の作法でした。

それは、小刀を腹にあて、横一文字になぞったうえで首の頸動脈《けいどうみゃく》を掻《か》き切って止《とど》めを刺すまでが一連の流れです。江戸時代の後期になると形式的に刀の代わりに扇を腹にあて、介錯人《かいしゃくにん》が止めを刺すという作法になっている中で、介錯なしで自害するのが上杉家の流儀でした。この作法を私に教えたのは祖母のふみです。田島家には、長男は三歳になると両親のもとから離れ祖父母のもとで育てられるというしきたりがありました。五人兄弟で、姉が二人いましたが、長男である私はその掟《おきて》にしたがって、家族が暮らす熊本県から一人離れ、長崎県の島原城下にある祖母の屋敷に預けられました。祖父はすでに亡くなっており、私の教育を担ったのは七〇歳の祖母ふみでした。そこで徹底的に叩き込まれたのが〝侍《さむらい》〟としての生き方でした。

「田島」という名字は、伊佐早《いさはや》（長崎県諫早《いさはや》市）に城を持ち、豊臣秀吉の九州征伐に唯一抵抗して戦った西郷家がそのはじまりと言われています。明治生まれの祖母もまた武士の血を引く家柄でした。上杉謙信に仕えた米沢藩（山形県）の城代家老の娘で、小刀は田島家に嫁ぐときに嫁入り道具として持参したものでした。

私が祖母のもとで暮らすことになったのは昭和二三年（一九四八）でしたが、祖母の精神は幕末の士族のまま、私は徹底して上杉家の〝武士〟として育てられました。

「お前は上杉家、西郷家の血を引く侍だ。侍はなんのために刀を差しているのか。それは弱い者を助けるためである。世のため、人のため身を犠牲にして闘うのが侍。侍として踏み外してはならない道がある。それを踏み外したときは自分で腹を切って死ね」と常々言われました。

朝起きると、まずご先祖さまと天皇陛下の御真影《ごしんえい》にお参りをし、それから廊下に座らせられて、上杉家の作法にのっとった切腹の練習をさせられるのです。寒い季節には手が凍え、何度も指を切りました。それでもうまくできないと朝食は食べさせてもらえませんでした。

また「卑《いや》しさは恥」とも躾《しつ》けられました。四歳になったある日、進駐軍のアメリカ兵にもらって隠していたチョコレートが祖母に見つかってしまったことがありました。甘くて贅沢なチョコレートにありついたとき、一口で食べてしまうのはもったいなくて、こっそり家に持って帰ったのです。すぐに祖母に見つかってしまい、こっぴどく叱られました。その叱り方が尋常《じんじょう》ではない。長押《なげし》の上に掛けてあった槍を取ると柄の後の石突《いしづき》で容赦なく叩くのです。私は逃げ回り、縁側から転がり落ちて、さらに池に落ちても祖母の攻撃はやみません。「死んでご先祖さまにお詫びをしろ」と言うのです。祖母は本気でした。私は子ども心に、殺されるとはこういうことかもしれないと思ったほどです。

祖母は私を池から引き揚げると、その足で島原城の大手門前広場にあった進駐軍の詰所に連れて行きました。すると入口で衛兵になんと英語で談判しているではありませんか。祖母は東京の高等女学校の卒業生で英語が話せたのです。やがて中に通されると、祖母は食べかけのチョコレートを突き返し、私の孫に謝れと将校に毅然《きぜん》として迫りました。「アメリカの兵士は日本の侍とおなじではないのか。そのアメリカの兵士が日本の子どもたちに、犬にでもやるように食べ物を投げ与えたのはどういうことか。誇り高き騎士道に反するのではないか。彼らの責任者であるあなたは私の孫に謝罪をするべきである」と。

こうして私は、ことあるごとに〝侍〟としての精神を叩き込まれたのです。

父の背中

小学校に上がるときに、私は父田島十良《じゅうりょう》と母せつゑが住む熊本県の実家にもどってきました。

父は農林省の技師でした。のちに佐藤勝也長崎県知事に請われ、故郷の長崎県にもミカン栽培を広げたミカン研究の第一人者です。私が生まれた当時は熊本県立果樹試験場の場長として、温州《うんしゅう》ミカンの栽培や、品種改良、病害虫の防除などの研究に取り組んでいました。そんな父の仕事を知るのは、私がもう少し大人になってからのこと。当時の私にとっては、ほんとうに大嫌いな〝おじさん〟でした。「お父さん」ではなく「おじさん」と呼んでいたのには理由があります。

三歳になったある日、近所に住んでいた滝口のおばあさんが、島原に嫁いだ娘のお産の手伝いに行くからいっしょに行こうと誘われました。熊本港から船に乗り、島原港に着くと連れていかれたのが祖母ふみの家でした。ところが、しばらくたっても滝口のおばあさんは迎えにきません。そのうち自分が置いていかれたと気づいて慌てて外に飛び出し、島原城のある高台に登りました。島原湾のはるか遠く、有明海を隔てて熊本県の金峰山の麓に白い建物が見えます。そこが私の実家がある果樹試験場でした。そのとき私は親に捨てられたのだと思いました。

祖母と暮らしながらも幼稚園の夏休みや冬休みのあいだは熊本の両親のところに帰っていましたが、私は自分を捨てたと思っている親に甘えることもできず、「お父さん」「お母さん」と呼ぶこともできず「おじさん」「おばさん」と呼んでいたのです。

小学校に通うため祖母の家から熊本の実家にもどっても状況は変わりませんでした。父は研究所に入り浸って仕事をしていたので、ほとんど私と顔を合わすことはありませんでした。

そんな私の気持ちを知ってか知らずか、たまに家で会うと、父はかならず私を風呂に誘いました。風呂に入ると私の体を力任せにゴシゴシと一生懸命に洗ってくれるのですが、痛いと弱音を吐こうものなら、「男のくせになんだ！」とバシッと叩かれるのです。また父の背中には一面にケロイド状の痣《あざ》がありました。風呂に入ると、その痣が赤く浮かび上がり、まるで大きなムカデが背中を這いまわっているようで、子どもの私にはそれが不気味に見えました。そんなわけで父と風呂に入るのは、いやでいやで仕方なかったのです。しかし、そのムカデの正体が、じつは拷問による傷跡であったことを知りました。

戦時中、国は食糧増産のため嗜好品である果樹を伐採して、代わりにサツマイモを植えるよう強制してきました。父がかかわるミカンの木も例外ではありません。農家の人が何年もかけて育ててきた大切な木です。父は断固として伐採を拒否しました。当時は国に従わないことは国家反逆罪と同様ですから、父は政治犯や思想犯を取り締まる特高警察に連行され、そこで鞭《むち》や青竹で激しく打たれ、厳しい取り調べを受けたのです。そのあげく、二等兵として中国の過酷な戦場の最前線に送られたのでした。

〝おじさん〟といっしょに暮らし、そうしたことを知る中で、父への思いも徐々に変わっていきました。

戦地から帰還した父は、ふたたびミカン研究に没頭していました。そんな父の周りには多くの内弟子がいて、その中には中国や朝鮮の人たちもいました。その当時は両国とも国交はありませんから、ミカン栽培の技術を学ぶため命がけで海を渡ってきた密航者なのです。私たち家族は場長官舎で彼らといっしょに暮らしていました。二、三年のあいだわが家に居候《いそうろう》して、日本語がうまくなると父は彼らに下宿先を斡旋《あっせん》していました。母もそんな彼らのために布団《ふとん》をしつらえたりして献身的に面倒をみていました。

父が亡くなったときには、彼らはわざわざ母国から弔問《ちょうもん》に訪れました。高齢にもかかわらず、いまでも命日にお参りに来てくれる人もいます。「タシマジュウリョウ先生は偉い人だ。東南アジアのミカン研究者のあいだでは神様みたいな人だ」と言うのです。以前、私が韓国の済州《チェジュ》島に行ったとき、父の指導で栽培されたというミカン畑が観光名所のようになっていて、いまさらながら父の偉業に驚かされたことがありました。

私は、どんなことがあっても自分の信念を貫くことが男の勲章であることを、知らず識《し》らずのうちに父の背中の〝ムカデ〟から教わっていたような気がします。

弱い者を侵す者は許さない

子どもの頃から私の身近には障がいのある人たちがいました。

熊本の場長官舎は、もとは熊本の富豪が別荘として建てた豪邸で、贅沢な造りになっていました。風呂場も広くて、大理石の浴槽は二〜三人が入れるほどの大きさでした。ある日、母が海岸で寝ていた浮浪者の母子を連れてきて、風呂に入れてやったことがありました。私が覗くと湯船の中をシラミが無数に泳いでいます。それでも、母は気に留める様子もなく女性の髪を梳《す》いています。彼女はじっと母に身を委ねていました。風呂から出ると、母が用意した料理を、親子とも手づかみで貪るように食べていました。いま思うと知的障がいか精神障がいがあったのでしょう。

また私の従兄弟も重度の知的障がいがありました。東京に住む叔母の子でしたが、戦争で叔父が亡くなったあと叔母が必死で育てていましたが、食糧難で次第に生活が苦しくなり、弟である私の父が引き取ることになりました。私が熊本の実家にもどったときには、父の内弟子といっしょに生活をしていました。

当時は障がい者を守るための法律も不十分で、障がいのある人は座敷牢《ざしきろう》に閉じ込められたり、牛や馬とおなじ家畜小屋で寝かされたりしていました。また戦争で親を亡くした孤児や、夫を亡くした未亡人など、多くの生きる力の弱い人たちがいました。それでも同時に、私の父や母のように、困った人がいれば当たり前のように手を差しのべる人もいたのです。

ところが、小学校は違っていました。私といっしょに遊んでいた友だちは入学が認められませんでした。障がいがあるからです。就学猶予といって小学校に入学させないのです。とくに身体障がいと知的障がいが重複している人たちは、まったく入学が許されませんでした。その友だちといっしょに校門まで来るけれど、「馬鹿は来るな！」と言われて友だちは追い返されるのです。

クラスの中には家が貧しい子がいました。また、いま考えると知的障がいがある子もいました。当時は特殊学級（現・特別支援学級）という制度はなく、障がいがある子もおなじクラスで勉強していました。障がいのある子は小便や大便をそこらじゅうにしてしまいます。しかし、最初はどうしてよいかわからなくても、そのうち私たちがどんな手伝いをすれば彼らがみんなといっしょに過ごせるのかわかってきます。いつの間にか仲間として過ごすことができるようになった人もいます。それでも中にはいつまでたってもいじめられる者もいました。みんなで水をかけたり、悪口をあびせたり、凄まじいいじめをするのです。なぜ教師も他の生徒もみんな黙っているのか。弱い者をいじめるということに無性に腹が立って耐えきれませんでした。それは、私が「お前は侍だ。生きる力の弱い者のために刀を持っているのだ」と、島原の祖母に躾けられたからでした。

私はいじめている生徒を見ると片っ端からぶんなぐりました。しばらくすると同級生は私の顔を見るなり、走って逃げていくようになりました。弱い者をいじめる者は上級生であっても許しませんでした。捕まえそこねたら、授業中にそっと自分の教室を抜け出し、上級生の教室に闖入《ちんにゅう》し、授業中であろうがそこで取っ組み合いの喧嘩をしていました。

私の中には自分なりの確かな正義がありましたが、大人から見ればただの乱暴者でしかありません。ことあるごとに教師は父の名を出して、「お父さんはあんなに立派な方なのに、息子のお前はなんだ」と怒るのです。私は「いじめを止めることもできないくせに、なにを言ってるんだ」とうんざりしていました。私は小学校三年生にして、喧嘩が強い乱暴者のガキ大将として他校でも名を知られる存在になっていました。

「いじめ」の標的に

その立場が一気にひっくり返る出来事が起こりました。

親にも教師にも不信感を抱えた私の心は荒《すさ》んでいました。しかし、四年生で担任になった胡《ご》麻《ま》鶴《つる》卓哉先生だけは違っていました。先生は私の喧嘩の理由が弱い者を守るためであることを知っていました。あるとき「田島、お前は男らしいなぁ。お前は大した奴だ」と褒《ほ》めてくれたのです。その一言で私の心はどれだけ救われたことでしょう。ところが、五年生の半ばになって胡麻鶴先生は結核を患って休職してしまいました。そこで私は先生のお見舞いに行こうと思い立ち、「学校ばさぼって先生のお見舞いに行かんか」と友だちを誘い、朝九時、片道一六キロメートルもある熊本市内の病院をめざしました。午後三時頃、病院に着いたのですが、結核病棟は面会謝絶で、先生に会うことはできませんでした。所持金もない私たちはデパートや街をうろつき、仲間のうち何人かは食べ物や文房具などを失敬してくる始末。途中、畑の瓜《うり》や西《すい》瓜《か》を食べて空腹をまぎらわし、峠の茶屋で野宿し、村に着いたのは明け方近くでした。山道を下りたところで私たちを捜索していた消防団に見つかって保護されました。前日から学校では大騒ぎになっていて、夕方からは警察や消防団、学校の父兄会も総出で探しまわっていたのです。翌朝、素知らぬ顔で登校すればバレないと思っていたのですが安直でした。

みっちり叱られたうえで、とくに道中の非行行為が大問題になりました。デパートでの万引や畑の作物を盗んで食べたことが、ＰＴＡ総会で取り上げられたのです。「親分の命令で仕方なしにやった」「したくなかったけれど、田島君がやれと言ったからやった」「やらないとどんなひどい目にあうか怖かったのでやった」。友だちはそう言って、すべて首謀者である田島良昭にやらされたということになりました。

友だちは一人残らず離れていきました。そんなことはさほど気にもなりませんでしたが、なにより堪《こた》えたのはＰＴＡ総会に呼び出された母の姿です。いま考えると、私が悪いことばかりしたのは、私のために母は学校に来てくれるのか、ほんとうは母の愛情を確かめたかったのかもしれません。そんなことを知ってか知らずか、ふだんなら母は学校に呼び出されても平気な顔で帰っていましたが、このときばかりは、ほかの親から責められてとても辛い思いをしたのでしょう。運動場の真ん中を泣きながら帰っていきました。その姿を教室の窓から見て、ほんとうに申し訳ないと思いました。

私は「もう人を殴ったり、喧嘩をしたり、二度と悪さをしません」という約束を全校生徒の前でさせられ、私自身もそう決心しました。そうしたら実際に試してみようというので、ちょっかいを出してくる生徒もいます。でも私はかまうことなく知らん顔をしていました。私が反撃をしないことをいいことに、そのうち田島とは遊ばない、口も利かないという壮絶ないじめがはじまりました。

ガキ大将からいじめられっ子への大転回でした。

毎日のクラス会は私を反省させる糾弾の場に変わりました。「三年生のとき田島君は掃除をさぼって○○ちゃんにさせたのは悪いと思います」「賛成！」。このように何年も前のことをあげつらうのです。そのぶんを、いまさせたほうがよいと思います。いじめはますますエスカレートし、弁当を捨てられたり、靴の中にカエルを入れられたりしました。担任も気づいていたはずですが、なにもしてくれません。唯一私をかばってくれたのは、かつていじめられていたのを助けた女子でした。そうすると、かえってその子もいじめられるという悲しい悪循環に陥るのでした。

のちに知的障がいのある子どもとかかわりを持つようになると、ほとんどの子がいじめられた経験がありました。いじめられることがどんなに辛いかというのは、いじめられた当人にしかわからないでしょう。いま、いじめの問題が取り上げられていますが、いじめられて自殺する子の気持ちがよくわかります。私も、死ねば楽になる…そんな考えが脳裏をよぎって、一人になったときには祖母から譲り受けた刀をじっと見つめるようになっていました。

そのうち登校時間になると頭痛、腹痛、吐き気やめまいに襲われるようになりました。登校拒否症状です。母はなにも言わず学校を休ませてくれました。学校を休んで家でゴロゴロしていると「良昭、これでも読まんね」と言って母が差し出したのは、下村湖人の『次郎物語』でした。里子に出された次郎は生家にもどされたものの、親兄弟ともなかなか心を通わすことができません。家族の愛を渇望しながらも素直になれない次郎は、まさしく私自身でした。私は一気に読み終え、以来すっかり本の虜《とりこ》になりました。学校では図書館に入り浸るようになりました。図書館だけが心やすらぐ場所でした。図書館にも邪魔が入るようになるとトイレか校長室に逃げ込みました。かつて説教部屋だった校長室は、その頃の私の駆け込み寺になっていました。倉本克人校長はなにも聞かず、なにも言わず、ただ黙って私を受け入れてくれたのでした。

こうせい大臣になろう

「弱い者を守る侍になれ」。祖母の言葉が一つの夢を結ぶことになります。きっかけは小学校五年生のときに観た一本の映画でした。学校の講堂に高学年の生徒が集められ『しいのみ学園』(清水宏監督・昭和三〇年)という映画が上映されました。しいのみ学園とは福岡県に実在する知的障がい児の施設です。学園創立者の山本三郎さんが書いた本を原作に映画化されたものでした。主人公の山本先生役を宇野重吉さんが演じていました。

山本先生の子どもが二人とも小児マヒに罹《かか》ってしまいます。学校では障がいがあるために差別され、そのうえ友だちの金を盗んだ疑いをかけられます。しかし、そのことを親に言うことができず、ただ学校に行きたくないと言うのが精一杯でした。そこで山本先生は私財を投げうって学園をつくり、障がいのある子どもたちを集めて慈愛を持って守り育てていくという物語でした。

気がつくと私の目は涙であふれていました。映画に出てくるしいのみ学園の子どもたちの姿は、胸が苦しくなるほど私の置かれた境遇と似ていたのです。いや私よりも彼らのほうが障がいがあるぶん辛いに違いありません。

ぼくらはしいのみ
まあるいしいのみ
お池に落ちて泳ごうよ
お手てに落ちて逃げようよ
お窓に落ちてたたこうよ
たたこうよ
みんな仲よく遊ぼうよ
遊ぼうよ

（一番　作詞　西葉子）

映画の中で子どもたちと先生役の香川京子さんが歌う「しいの実のうた」は、私の心に染み入りました。

映画が終わり、みんなが講堂を出て行っても、私は一人感動したまま動けずにいました。こんなふうに、いじめられたり悲しい思いをしている人たちを守れるような仕事がしたい。漠然とではありましたが、自分が向かうべき道が見えたような気がしました。どんなふうになったら、この人たちを守ったり、応援したりすることができるのだろうか？

私は上映が終わりフィルムを巻き戻している映写技師に駆け寄って尋ねました。「こんなかわいそうな人たちを、幸せに暮らせるようにすることができる、日本でいちばん偉い人は誰ですか？」。私の唐突な質問に、その人は困惑しながらも少しのあいだ考えて「そりゃあ、厚生大臣じゃろうな」と笑って答えてくれました。

その日の夜、私は半紙に黒のクレヨンで「こうせい大臣になるぞ」と書き、勉強机の前の壁に貼りました。「こうせい大臣」が何者なのかもよくわからないまま、ただ「弱い者を守る人になる」ための大きな目標ができたのです。

たった一度きり映画の中で聞いた「しいの実のうた」の歌詞とメロディは、大人になって、なにかと困難に直面したとき無意識に口ずさむ私自身への応援歌になりました。

ふたたび島原の祖母のもとへ

中学校に進学しても、おなじ小学校だった生徒からのいじめは続きました。

それは中学校一年生の終り頃のことでした。背後から、なにやら投げつけられました。最初は濡れたぞうきんかと思い触ってみると、首のあたりに血がべっとり付いているではありませんか。私自身は痛くもないのに血が付いていることが理解できません。鮮血が付いた自分の手を見ながら呆然としていると、一人の女子が「田島君、ごめんね、ごめんね」としきりに謝り、それを投げつけた男子に真っ赤な顔で猛烈に抗議をしているのです。私はようやく理解できました。それは生理の経血が付いた脱脂綿だったのです。悔しくて、悲しくて、惨めでした。これでもまだ我慢しなければならないのか。しかし喧嘩はしないと誓ったじゃないか…。私はうつむいたまま黙って堪えていました。ところが後日、私をかばって抗議をしてくれた彼女が集団でいじめられたと聞き、もう堪忍袋《かんにんぶくろ》の緒《お》が切れてしまいました。私自身へのいじめなら我慢できる。しかし、私のためにいじめられたとなれば話は別です。ここで黙っているのは〝侍の道〟に外れる。心は決まっていました。相手は四人。私は果たし状を書きました。「武器を持ってこい。やるからには死ぬまでやろう」。私の武器はやすりで削りだした手製の刀でした。乱闘に気づいた上級生が途中で止めに入ってくれましたが、それでも二人を崖から突き落とし、私も足に大けがを負ってしまいました。幸い大きな事件にはならなかったものの、これ以上在学させるわけにはいかないと、私は中学一年の三学期で退学処分となりました。

熊本の中学校を退学した私は、ふたたび島原の祖母のもとに身を寄せることになりました。祖母は決闘について「自分に恥じなければよい」と泰然《たいぜん》と言い放ちました。それどころか「そんな刀では人は斬《き》れない。やるならば本気でやれ」と言って、家にあった日本刀を見せるのです。やはり祖母は真の〝侍〟でした。

島原の中学校に転校して、ようやく私はふつうの中学生として勉強できるようになったのでした。

ジョンソン牧場でもらったガンベルト

島原の中学校に通うようになってしばらくすると、地元のボーイスカウト島原第一団の活動に誘われました。ボーイスカウトのモットーは「備えよ、常に」。これは武士の「いざ鎌倉」とおなじで、〝人さまのお役〟に立てるように、常に備えておけという意味です。イギリスが発祥のボーイスカウトの騎士道精神は武士道にも通じていて、私は違和感なくすんなり溶け込んでいきました。ここで心を許せる先輩や仲間と出会って、いじめられ、屈折していた自分の心が解き放たれていくのを感じました。高校に入る頃にはボーイスカウトの最高位「菊章」を

私は５人兄弟姉妹の長男で、後列右側の学生服姿の少年が私である。隣りの長女よ志は祖父母と父母を守り、見送り、田島家のために献身的に尽くしてくれた。下段右端は弟俊之で米国の大学に留学し、米国で実業家として活躍している。中央は姉いく（熊本県在住）、左は妹の美智子（福岡県在住）である。この写真は、辛いいじめを受けた熊本の中学校から、祖母の暮らす島原の市立島原第一中学校へ転校した頃のものだ。

取得していました。

　昭和三五年（一九六〇）の春には島原高校に進学しました。ちょうどその年は日米通商百周年にあたり、その祝賀記念事業として中曽根康弘さん（のちの第七一・七二・七三代内閣総理大臣）を団長とする訪米団が組織されました。その一員として、全国のボーイスカウトの中から三名が選ばれ、その一人として私も随行することになりました。約二カ月かけてホームステイや公式訪問をするのです。このアメリカ視察は驚きの連続でした。

　滞在中のホテルの、トーストとハムエッグ（卵は二個！）という、いまならスタンダードな朝食にさえ度肝を抜かれ、さらに食べ残されたものがごみ箱に捨てられるのを目の当たりにして、アメリカの飽食に絶句し、ソルトレイクシティのビンガム銅山ではその規模に圧倒的な国力の差を見せつけられました。

　いちばん驚いたのは、のちに第三六代アメリカ大統領となるリンドン・ジョンソンが経営している牧場を訪ねたときのことです。カンザスシティの郊外にあるジョンソン牧場は、セスナ機で案内してもらうほどの広大な敷地でした。膨大な数の牛の世話を障がいのある人たちが担っていました。彼らは牛の管理だけでなく、牛の革を使った工芸品などもつくっていました。身体に障がいのある一人の男性が「これは俺がつくったんだ」と言って自慢げにガンベルトを見せてくれました。ガンベルトなど映画やテレビの西部劇でしか見たことがありませんでしたが、その出来栄えは素晴らしいものでした。なにより目を見張ったのが、そこで働いている人たちがみんないきいきと誇らしげだったことです。日本の障がい者はいじめられ、世間から隠されていました。ところがここでは、みんな自信と誇りをもって仕事をしている。障がいのある人たちも、じつはいろいろなことができる力を持っているのではないか。ジョンソン牧場で出会った人たちは、そのことに気づかせてくれました。このとき土産にもらったガンベルトは、いまも私の宝物です。

厚生大臣への第一歩

成長するにつれて、厚生大臣になるには、まず政治家にならないといけないことがわかってきました。幸いなことに私の父が農林省の職員だった関係で、長崎県農地農林部長から衆議院に出馬した倉成正代議士（長崎県出身の政治家。第三次中曽根内閣で外務大臣を務める）と懇意の間柄でした。長崎市内にある倉成先生の自宅に遊びに行くこともあり、まだ幼い先生のご子息の兄貴分としてかわいがってくださいました。私の進路はいよいよ具体的になり、志望大学は国際法の権威で原水爆禁止日本協議会理事長の安井郁教授がおられる法政大学法学部と決めていました。当時の私立大学の文系の受験科目は英語、社会、国語の三教科だけでした。それなら勉強はこの三教科に的をしぼろうと決めました。私立シフトというわけです。ほかの授業には出席もせずボーイスカウトの奉仕活動や部活動に充てていたせいで、学校の成績は見事にビリでした。それでも三年生の進路相談では、学校側が絶対に無理という法政大学法学部で押し通したので、受験のさいの引率や宿泊の手配など学校側からの支援はなく、私は勝手に受験することにしました。東京駅に着いたものの泊まる宿もないので、倉成先生に電話したところ「それじゃあ、俺のところに来い」と言われて衆議院の議員宿舎に泊めてもらい、そこから受験会場に行きました。

昭和三八年（一九六三）法政大学に無事合格。と同時に「声が大きくて、喧嘩が強そう」という理由で、再建全学連（全日本学生自治会総連合）の中央執行委員に選ばれてしまいました。初代委員長は江田五月さん（元参議院議員、第二七代参議院議長）、副委員長は中島義雄さん（後年再会したときは大蔵省厚生労働担当主計官）でした。学生運動でデモをやると、いつも中央執行委員は捕まり役でした。江田さんや中島さんといっしょに東京の麹町《こうじまち》警察署に留置されたこともありました。そんなわけで結局、卒業するまでに六年を要しました。在学中には東京オリンピック担当大臣の河野一郎さんの書生をしていましたが、卒業後はかねてから決めていたとおり倉成先生の私設秘書になりました。いよいよ厚生大臣に向けての一歩を踏み出したのです。

散り際の美学

祖母ふみは昭和四五年（一九七〇）一月、私が二五歳の年に九三歳で亡くなりました。

東京で倉成先生の秘書として多忙を極めていた私に、「誕生日の祝いをしてやるから帰ってこい」と連絡が入ったのです。私にとって祖母の命令は絶対でしたから、なんとか都合をつけて東京から飛んで帰りました。心づくしのご馳走をいただいて早々に帰り支度をはじめた私に、唐突に「良昭、私は明日死ぬからそんなに急いで帰ることはない。もう一晩泊っていけ」と言うのです。

翌日、祖母は朝から風呂を浴び、死に装束に着替えると鏡台の前で髪を梳きはじめました。まさか祖母は懐剣《かいけん》で喉でも突いて死ぬ気ではないのか。呆気にとられて困惑している私をそばに呼び、今度は葬式の段取りを指示しはじめるのです。直々に挨拶する家と電話連絡だけでよい家のリストまで準備していました。そして熊本の父や親しい親戚に電報を打つように命じました。文面は「ハハキトク　スグコイ」。私は迷いながらも祖母の言うとおり打電しました。親戚たちが慌てて飛んできましたが、祖母は笑いながらお茶を淹《い》れて昔話などしています。「ばあちゃんの悪か冗談たい」と親戚たちは苦笑いしながら、それでも久しぶりにみんな集まって楽しそうにして、夕方にはみな安心して帰っていきました。

その夜、ぐっすり寝ていた祖母が目を覚まし私の名を呼んでいます。祖母は水を欲しがりました。時計を見ると午前一時半をまわった頃でした。驚いたことに祖母は横になったまま、コップの水を飲むこともできないほど衰弱していました。私は急いで脱脂綿を探してきて、水を含ませて寝ている祖母の唇を湿らせてやりました。祖母は弱々しい声で「お前は世のため人のためになるような立派な侍になれ」と言いました。あまりにも芝居がかって半信半疑で聞いていたのですが、呼吸は次第に浅くなり、やがて最後に大きく息をしたかと思うと、そのまま静かに逝ってしまいました。最期の一言は私への確かな遺言でした。

「終わりよければすべてよし」。祖母は口癖のとおり見事な死にざまを見せてくれたのでした。私もそのようにありたいと願っています。

障がい者のための初めての基本法

「人のため立派な侍になれ」、祖母の遺言に後押しされるように、私は秘書の仕事に邁進しました。そのとき取り組んでいたのが、日本で初めての障がい者のための法律「心身障害者対策基本法」の制定に向けた準備でした。当時の日本には障がいのある人のための総合的な法律がありませんでした。ただ障がいごとに個別の法律はありました。最初は昭和二四年（一九四九）制定の身体障害者福祉法です。それは戦後復員してきた傷痍《しょうい》軍人救済のための国家補償という意味合いが強いものでした。

その翌年に精神衛生法（現・精神保健法）が制定されました。しかし知的障がい（当時は精神薄弱と言われた）に関しては、一〇年後の昭和三五年（一九六〇）精神薄弱者福祉法（現・知的障害者福祉法）の制定まで待たねばなりませんでした。そこには、知的障がい者にたいする日本の社会的背景がありました。知的障がい者は〝血統〟や〝家柄〟あるいは〝因果〟など、さまざまな理由で差別され、たとえば身内の結婚に支障が出ることをおそれ、障がい者の存在を隠そうとする家が多くありました。世間から隠され、隔離されることが長く続いてきたため、彼らへの支援の動きが鈍かったといえます。知的障がいのある児童の教育や学校に関する問題は、児童福祉法の中で対応していましたが、児童福祉法で対応できない障がい児も多くいました。そこで、福岡で山本三郎先生によってしいのみ学園が、滋賀県では糸賀一雄先生（社会福祉教育家。「この子らを世の光に」をかかげ知的障がい児の福祉と教育に尽力した）によって近江学園が開設され、知的障がいのある子どもたちを守る運動が起こってきました。しかし、あくまで民間の自助努力に委ねられており、国として支える制度、その根拠となる法律はありませんでした。

これではまずいのではないか？　というきっかけになったのは、昭和三九年（一九六四）に開催された東京オリンピックでした。日本中が湧き立ったオリンピックが終わると、現在とおなじようにパラリンピック（当時は身体障がい者のみ対象）が開かれました。日本は開催国でありながら、当時バリアフリーという概念はゼロに等しく、障がい者に対処する準備はほとんどできていなかったのです。まず、羽田に着いたパラリンピックの選手団を飛行機から降ろすところから躓《つまず》いてしまいました。車椅子用のタラップが用意されていないのです。学生ボランティアとして参加していた私たちが、彼らを背負ってタラップから降りなければならないというお粗末な対応でした。閉会後、世界各国の選手団からは「日本には二度と来たくない」と酷評されました。日本選手団の団長だった中村裕博士は、わが国の福祉にたいする国民の無関心と医療・福祉の取り組みの遅れを嘆かれ、昭和四〇年（一九六五）大分県別府市に身体障がい者のリハビリの充実と仕事を通じての自立をめざすための施設「太陽の家」を創設されました。その先駆的、モデル的な活動は若い政治家に大きな影響を与えることになりました。

心身障害者対策基本法を国会で審議している頃は、倉成正先生は衆議院の社会労働委員長に就任していました。社会労働委員会というのは、現在の厚生労働省を所管する委員会で、福祉について検討する部会です。東京パラリンピックの失態を受け、勉強会を重ねる中で見えてきたのは、障がい福祉に関する総合的な法律をつくり、国として必要な制度を整えていこうということでした。

議論の中心となったのは、新しく盛り込まれることになった知的障がい者についてです。当時、障がい者といえば身体に障がいがある人だけが対象でした。そこに心の障がいである知的障がいを入れるべきであると声を上げたのは、知的障がいの子を持つ親の会「精神薄弱児育成会」（現・全国手をつなぐ育成会）でした。運動の中心にいたのが仲野好雄先生です。仲野先生は戦時中、日本軍最後の大本営作戦課長で、戦後は公職追放になり、奥さまたちが細々と続けていた育成会を手伝うようになりました。「精神薄弱」を「知的障がい」と改めさせたのも全国手をつなぐ育成会の功績です。その仲野先生の尽力で知的・精神障がい者が法の対象に盛り込まれることになり、心身障害者対策基本法として検討されることが決定したのです。

法律は省庁の役人が立案したものを国会で審議して決められることがほとんどでしたが、心身障害者対策基本法は、政治家がつくる議員立法でおこなうことになりました。衆議院では昭和四三年（一九六八）から本格的に準備がすすめられました。当時若手の代議士だった橋本龍太郎さん（第八二・八三代内閣総理大臣）、渡辺美智雄さん（厚生大臣、大蔵大臣などを歴任）、渡部恒三さん（厚生大臣、自治大臣などを歴任）らが集まり議員連盟が組織され、倉成先生も当然その一員でした。

まず、これまでほとんど触れられることのなかった知的障がい者の実情を知るところからはじめることになりました。国内の福祉の専門家や学識者から障がい福祉に関する基本的なレクチャーを受け、外務省を通じて福祉の先進国であるヨーロッパやアメリカにある有名な施設を視察しました。私も倉成先生の指示を受け、国会図書館に通い詰め、全国の資料を収集しました。そして、昭和四五年（一九七〇）四月一日、三年間の準備期間をへて心身障害者対策基本法が施行されたのです。やっと障がい者を守る法律ができた。祖母の教えどおりこれで弱い者たちを幸せにすることができる。私は仕事への誇りと未来への希望でいっぱいでした。

第二章

入所施設では幸せになれない

誰も「幸せです」と言わない

昭和四五年（一九七〇）に施行された心身障害者対策基本法のあと、国は「社会福祉施設緊急整備五カ年計画」を策定しました。これまで社会から見捨てられ、差別され、隠されてきた精神や知的に障がいがある人たちを大きな施設に集め、就労から夜寝るまでをそこで守る仕組みをつくれば、彼らが生涯安心して生きられるだろうと考えたのです。当時は彼らを受け入れる施設が圧倒的に不足していました。国は各自治体へ要請を出し、定員が一〇〇人を超える公立の大型施設が全国各地にどんどん建てられました。昭和四六年（一九七一）から五年間で全国におよそ一五〇〇もの施設が開設しました。

法律施行から三年後の昭和四八年（一九七三）、衆議院から施設整備の状況と障がい者の現状を調査するよう要望が出されました。議員立法にかかわった私たちもぜひ検証してみたいということで、全国一四カ所の施設を手分けして視察することになりました。私は四カ所を受け持ちました。障がい者は立派な施設で幸せに暮らしているだろうと思って意気揚々と出かけていきました。

訪ねてみると、広大な敷地に収容人数一〇〇人の立派な建物ができていました。若い職員が多く採用されて、みんないきいきと仕事をしています。さっそく施設の中を案内していただきました。中に入ると入所者たちは椅子に座るでもなく、ベッドに横になるでもなく、廊下や居間の床でなにもせず、ただだらしなく転がっているではありませんか。私が訪ねたのは午前一〇時頃でした。食堂にはすでに昼食を待つ人たちが集まっています。しかし、楽しそうに話をしている人は一人もいません。どんよりとうつろな表情で黙って座っているばかりです。

私は思い切って入所者に尋ねてみました。

「ここに入ってよかったですか？　いまは幸せですか？」

私の顔をぼんやり見るだけで反応がありません。何人かにおなじ質問をしましたが、答えは返ってきませんでした。私は質問を変えてみました。

「いま、いちばんしたいことはなんですか？」

するとある人が「お母さんに会いたい」とつぶやいたのです。つづけて隣に座っていた人も

「お母さんに会いたい！」と大きな声で叫びました。「お母さん」という言葉が出たとたん、あっちからもこっちからも「お母さんに会いたい」と言い出しました。さっき「幸せですか？」と聞いても反応しなかった人たちが、「おばあちゃんに会いたい」「家族に会いたい」「猫のタマに会いたい」「犬のポチに会いたい」と口々に訴えるのです。そして全員が「お家《うち》に帰りたい」と言いました。誰ひとり「ここに来てよかった。幸せです」とは言わなかったのです。視察した四つの施設すべてがおなじでした。私が聞きたかった「ここに来られて幸せです」という言葉は、とうとう一言も聞くことはできませんでした。

視察を終えると衆議院の会議室で開かれた報告会に出席しました。ほかの人たちは口々に施設の素晴らしさと若い職員の仕事ぶりを称賛し、入所施設は障がいのある人たちを守るために非常に有効であると評しました。「全都道府県でつくるべきである」という自画自賛的な意見ばかりで、「あんな施設では障がい者は幸せになれない。あれでは刑務所とおなじだ」と発言したのは私だけでした。

私が視察した施設だけが例外で、ほかの人が視察した施設には「幸せです」と言う入所者がいたのでしょうか。怪訝《けげん》に思った私は、報告会が終わったあと個人的に残りの一〇施設を訪ねることにしました。せめて一カ所でいいから「ここに来てよかった、幸せだ」という人に会いたい、そういう声を聞きたい一心でした。

一三カ所目は宮崎県の施設でした。しかし、ここでもとうとうその声を聞くことはできませんでした。心身障害者対策基本法をつくる過程では、日本中の福祉の専門家や学識者に意見を聞いてまわりました。海外の施設まで足を伸ばして視察しました。そうしてつくった会心の法律だったはずでした。ところが、当の本人たちが誰も「幸せだ」と言ってくれない。では、彼らに幸せと言ってもらえるためにはどうしたらいいのか。誰に話を聞けばよかったのか。私たちはたいへんなものをつくってしまったのではないのか…絶望と戸惑いで頭の中はいっぱいでした。施設から駅までの長い坂道を歩きながら、涙が頬をつたっていきました。最後の一四カ所目の施設には、もう訪ねる気力すらありませんでした。

東京にもどって倉成先生に「あの法律は間違っていました。私たちは障がいのある人たちを助ける方法を間違えています」と訴えました。倉成先生は黙って私の話を聞き終えると、「お前が本気で障がい者のための仕事をしたいのなら、政治家ではなく福祉家の道にすすむべきではないのか」と諭《さと》したのです。私は一〇歳のとき『しいのみ学園』を観て、障がいのある人たちを幸せにできる人になりたくて厚生大臣になると決めて歩いてきました。障がいのある人たちを助ける方法を間違えたのは私だったのか?「こうせい大臣なるぞ!」という目標は粉々に砕け散ってしまいました。

政治家から福祉の道へ

昭和四八年（一九七三）、二八歳で倉成先生の秘書を辞し、かつて祖母と暮らした島原の実家にもどってきました。妻のツヤ子に「政治家になるのをやめて福祉の仕事をしたい」と相談したところ「選挙に出ないのであれば大賛成」と喜んでいました。帰ってきても私は仕事にも就かず、妻に電話交換手の仕事をしてもらいながら引きこもりのような生活をしていました。朝五時頃から雲仙《うんぜん》の諏訪の池で釣り糸を垂らします。鮒《ふな》が釣りたくて行っているわけではありません。ただ頭も心も空っぽにして釣り糸を垂らして座っていました。午前一〇時頃帰宅して、妻がつくっておいた昼食を食べたあとは、座敷に寝っ転がって天井の節穴を眺めて暮らす日々でした。庭の池は釣ってきた数百匹の鮒で真っ黒になってしまいました。

やがて妻が妊娠しました。翌年の夏には私は父親になるのです。私は子どもの頃〝おじさん〟と呼んでいた父のことを思いました。正直、父のことが嫌いでした。仕事にかまけて家庭は母に任せきりで、あげくに私を捨てた（と私は思っていた）父です。ところが、いまの自分はどうだろう。妻を働かせ、ただ家でぶらぶらしている男です。生まれた子どもは私を見てどう思うだろう。私になにができるのか、なにがしたいのか、なにをするべきなのか…頭の中はおなじところをぐるぐる回っていました。

昭和四九年（一九七四）七月八日に生まれた男の子は光浩と名づけました。この子の立派な父親になるためにも、いつまでもこうしてはいられません。逡巡の中で漠然としたものが次第にかたちになってきました。それは私が理想とする福祉施設をつくるという構想です。心身障害者対策基本法は障がい者本人のためにつくった法律でした。ところが本人たちは「こんなところは嫌だ」と言っている。専門家がつくって駄目だったのならば、あとは本人たちに聞くしかない。一人ひとりがきっといろいろな思いを持っているだろう。そうであるならば、障がいのある人たちに、どうすれば幸せになるかを教えてもらって、それを実現できる理想の施設をつくろうと考えたのです。

まず地元のボーイスカウト出身者を集めて「島原愛隣会」というボランティアグループを結成しました。彼らのほとんどは家庭を持ち、昼間は学校の教師、警察官、地元の企業のサラリーマンたちです。障がいのある人たちといっしょに生活できる仕組みにはどんな支援が必要なのか、彼らの仕事が終わった夜に集まり、勉強会をスタートしました。

当初、すでに思い描いていたのは長崎県佐々《さざ》町にあった、のぎく寮という施設です。小学校の校長を退職した近藤益雄先生が退職金をはたいて廃校になった木造校舎を購入し、二〇～三〇人の障がいのある教え子を集めて面倒をみていました。そこには高校生のときボーイスカウトの奉仕活動でよく訪ねていました。公立の施設とは違っていて、まるで家庭のような温もりにあふれて居心地がよく、私は親戚の家にでも遊びに行くような気分で何度も通っていました。

島原の実家を利用すれば、数人程度なら無理なく面倒をみられるのではないかと思いつきました。これはまさに現在のグループホームのスタイルです。その当時はグループホームという言葉すらありませんでしたが、私にはこれが理想のスタイルだと思えました。ところが、調べてみるとそういう支援は社会福祉事業ではないため公費が出ないことがわかりました。

私が訪ねたとき近藤先生は、「自分はほんとうは五～六人の人たちを支える力しかなかったが、いろいろなところから頼まれると、ついつい『うんうん』と受け入れてしまい、人数が増えてしまった」とよく言われていました。そのほとんどが親がいなかったり、経済的に力がない人たちです。結局、食費や職員の給料は自分の年金で賄うしかなく、やがて万策尽きてしまった近藤先生は、私が大学生のとき自ら命を絶たれました。

「もうこの子たちに食べさせるものがなくなった。手伝ってくれた人へ支払う給料もない。できることのすべてを尽くしたけれど、もうなにもできる力がなくなってしまった」という悲痛なメモが残っていました。のぎく寮が行き詰ったのは、公費が出ない無認可の施設だったからでした。個人でやるということは、やりたいことを自由にできるかもしれませんが、やがては行き詰まってしまいます。

永続性のある事業をおこなうには公費を受けなければなりません。そうしないと、結果的には障がいのある人たちを不幸にしてしまいます。当時、社会福祉事業は、社会福祉法人でなければ運営できませんでした（平成一二年の社会福祉基礎構造改革により現在はＮＰＯや株式会社でも可能になっている）。法人格を取るためには、一億円相当の基金が必要でした。現金もしくは定員三〇人以上の入所型施設をつくれば一億円相当の基金として認められ、厚生大臣から認可が下りるという仕組みでした。

私が理想とする支援のかたちにたどり着くまでに、不本意でも莫大な資金をかけて入所施設をつくらなければならないのです。正直いって入所施設には関心すらありませんでした。全国の施設を視察して感じたのは、取り返しのつかない制度をつくってしまったという敗北感だけだったからです。しかし、もはや後戻りはできません。「お前は世のため人のためになるような立派な侍になれ」という祖母の最期の言葉が私を後押ししてくれました。逆説的ですが、入所施設を壊すために入所施設をつくることを決意したのです。

四面楚歌の施設建設

施設をつくると決めたものの、問題はどこに建てるかでした。

私の計画を聞いて親戚たちは驚愕しました。「てっきり県議会議員の選挙に出るものと思っていたら、知的障がい者の施設をつくると言っている。良昭は東京から帰ってきて頭がおかしくなった。そんな〝バカ学校〟をつくらせないようみんなで説得しよう」。親戚のあいだではそういう合意ができていたようでした。政治的に対立する陣営からは「あいつは選挙に出るために瑞穂町《みずほ》に移って、票稼ぎのため、なにかやろうとしているんだろう」と憶測され陰口を叩かれました。

地元の人たちからは、知的障がい者にたいする無理解から拒絶されました。たとえば、家には年頃の娘がいるのに、障がい者はなにをするかわからないから嫌だ。そばに来られたら気持ち悪い。なんとなく汚い。そんな根拠のない理不尽な反発でした。「協力してもいいよ」という人が上流域にいても、施設は排水を流すので下流域の集落にも同意をもらわなければなりません。しかし集落の区長さんに頼んでも、「みんなが反対しているから…」と同意書をいただけませんでした。

国や県などにもまったく相手にされませんでした。倉成先生の秘書だったときには厚遇してくれたところでも、田島良昭として事業計画を持っていくと、「あんたみたいな考え方をしている人間に補助金をやるくらいなら、ドブに捨てたほうがマシだ」と手のひらを返したように冷遇されました。文字どおりの四面楚歌《しめんそか》でした。

なんとか状況を打開するため、地元を一軒一軒訪ねては説明を繰り返し、「賛成してください」と頭を下げてまわりました。その中で唯一理解を示してくれた人がいました。第一期の職員として入職することになる前田辰郎さんのお祖父さんでした。「あなたが志を立てて、こうやって頑張っていることに感銘を受けた。あの土地でよかったら使うてください」。そう言って提供してくれたのが、雲仙市瑞穂町の桑田地区の一角でした。桑田地区は地名が示すとおり桑の木を植えて養蚕《ようさん》をしている農家が多くあり、戦後開拓地です。真心こめて話せば理解してくれる人はかならずいる。私は前田さんの厚意に心から感謝しました。これで建設用地は確保できました。ほとんどの人は反対のままでしたが、もう強硬突破するしかないと心は決まっていました。

生きとし生けるものを教材に

私は補助金申請の煩雑な手続きをしながら、暇ができると建設予定地の草原に寝転び、ジョンソン牧場でもらったガンベルトを眺めながら、どういう施設にすればよいか具体的な事業計画を考えつづけました。最初にイメージしたのは、やはりジョンソン牧場でした。障がいのある人たちといっしょに暮らしながら牧場で働こう。牛や豚、鶏などの生き物は彼らにとっていい教材になるはずだ。モヤモヤした思考の中から、ふと〝大空を教室に、大地を黒板に、生きとし生けるものを教材に〟というフレーズが生まれてきました。「いいじゃないか、これで行こう！」と思ったものの、残念ながら普通科の高校を出て法学部出身の私には「生きとし生けるもの」、つまり農業や畜産に関する知識は皆無でした。そこで県立島原農業高校の〝天ぷら学生〟になることを思いつきました。〝天ぷら学生〟とは、その学校に在籍していないのに無断で講義を聴講する者のことです。当然、先生から注意を受けましたが「ここは県立高校だろう。俺も県民だ、学ぶ権利があるだろう。俺も今日からここに勉強に来るから」と無茶苦茶な理屈で押しとおし、赤ん坊の光浩を背負って授業を受けました。授業中に光浩が泣くと女生徒たちが、それオシメだ！　やれミルクだ！　と大騒ぎして、養護の先生や女性の先生まで走ってきてみんなで面倒をみてくれました。そうやって二年近く、いろいろな勉強をさせてもらいました。豚にヨークシャーやハンプシャーなどの品種があることも、ここで初めて知りました。

身を焦がし一隅を照らす蝋燭に

昭和五二年（一九七七）八月二四日、ようやく念願の国庫補助金交付決定の内示が出ました。それまで三回申請して三回とも却下されました。六月の第一次内示では不採択、七月末の第二次内示でも不採択でした。長崎県の職員も「今年は国庫補助の申請はおたくだけなのにどうして付かないんでしょうか？　国に聞いてみてください」と言われました。私も長年、国会議員の秘書や書生をしてきたので国庫補助金の決まり方はたくさん見てきました。政治家や秘書がどんな働きかけをするのかもよく知っていました。しかし、自分が申請をするときは真正面からいこうと考え、倉成先生にもまったく相談もしていませんでした。

八月初旬、意を決して厚生省を訪ねました。「補助金をいただけない理由を教えてください」

「長崎県に聞いてください」、「県は、国が認めれば補助金がつく。国に聞いてくれと言っている」「外部者には教えられない」、「それは厚生省の関係者なら教えられるのですか？」「内部者なら説明します」。四時間近く押し問答を続けていましたが、だんだん怒りで体が震えてきました。「公務員が国民に奉仕する気持ちがちっとも育っていない。この厚生省の態度はなんだ。何日かかっても、補助金が不採択になった理由を聞くぞ！」と決意しました。

誰にも相手をしてもらえず室の隅に移され時間が過ぎていきました。ふと机の隅に積んであった新聞の「厚生大臣と医師会長の論争」という記事が目に留まりました。私がかつて河野一郎先生の書生をしていたとき、夜食に美味しい炒飯をつくってくれ、〝若者ヨシベー〟と呼んでかわいがってくれた〝ミッチーさん〟（渡辺美智雄さん）が厚生大臣になっていたのです。近くにいた職員に「厚生大臣は内部の人ですか？」と聞いて電話に飛びつき大臣室に電話をかけました。渡辺大臣は昔と少しも変わらない優しい〝ミッチー兄ちゃん〟でしたが、内部者として補助金交付が不採択になった理由を聞くことは断られて、大臣室に来いと何度も誘われました。大臣秘書官や倉成先生の秘書も来てくれて大騒ぎになりました。そして、その日フランスのパリで開催されている世界経済閣僚会議に出ていた倉成先生から私に電話がかかってきました。先生はめずらしく怒っていました。「渡辺大臣から話は聞いた。まず厚生省を出て、私の自宅で待ってなさい。言い訳は聞かない！　私は恥ずかしい」先生の声はほんとうに悲しそうでした。私はしょんぼりと厚生省を立ち去りました。このやりとりが功を奏したのか、第三次で交付決定の内示をいただいたのです。諦めていた矢先の追加決定でした。

その三年後の昭和五五年（一九八〇）春、入所更生施設をつくることになり、国庫補助の申請をすることになりました。長崎県から国にも挨拶に行くように頼まれて厚生省に出かけました。その頃、熱心に応援していただいたのが全国手をつなぐ育成会の仲野先生です。「厚生省には私が懇意にしている人がたくさんいるので自分もいっしょにお願いしてあげる」とついて来てくれました。そのときの課長補佐が「前は倉成先生、今回は仲野先生か。偉い先生方の力ばかり頼りにせず、自分で努力しろよ！」と聞こえよがしに言いました。悔しくて、悔しくて涙が止まりません。以来七年半、厚生省には浅野史郎さんが着任するまで行きませんでした。

「補助金が付いたので着工します」。あわてて地域の反対派の家を訪ねてまわり、半ば強行突破で、一〇月に社会福祉法人南高愛隣会を設立しました。法人名は最初に結成したボランティアグループの島原愛隣会に由来しますが、「隣人を自分のように愛しなさい」とは聖書の言葉です。子どもの頃から喧嘩ばかりしてきた私にいちばん欠けているのは隣人愛かもしれないと思い、自戒を込めて「愛隣会」と命名しました。

昭和五二年（一九七七）一〇月一〇日、南高愛隣会のスタートとなった「雲仙愛隣牧場」の起工式は、秋晴れの少し暑いくらいの日でした。式には私の友人たちが来てくれましたが、寂しいことに地域の人たちの姿はありませんでした。起工式は神社の宮司ではなく、田島家の菩提寺の住職に来てもらい仏式でおこないました。会場で風に揺れる灯明を見ながら、がむしゃらに走ってきたそれまでの半生を思い返していました。秘書時代、倉成先生や河野一郎先生から、政治家の心得としていちばん大事なのは「太陽の如くすべての国民を普《あまね》く照らす」という考え方である、ということを叩き込まれました。しかし、政治家の道を断念し福祉の道を歩むことになった以上、太陽のような仕事はできません。むしろ自分の身近にいる障がいのある人たちを照らすことしかできないでしょう。これからの私にとって、この人たちを照らすことこそが仕事なのです。よし！　自分はこの蝋燭《ろうそく》のように生きよう。自分自身を燃やしながら周囲を仄《ほの》かな光で照らすような人生を歩んでいこう、と決心しました。こうして私は、新たに福祉の道を歩きはじめました。人生で二度目の大きな決断でした。その夜、私は半紙に〝身を焦がし一隅を照らす蝋燭に〟とその決意を墨書しました。

雲仙愛隣牧場の開所

すぐに施設を建設するため山の開墾に着手しました。雨の日は建設会社から休止しているブルドーザーを借りてきて、島原愛隣会の仲間たちといっしょに、道路や池や畑など、施設全体を手づくりしながら、夜は泊まり込みで研修をおこないました。夢中で多忙な日々をこなしながら、気がつくと桜の季節を迎えていました。

昭和五三年（一九七八）四月五日、入所授産施設「雲仙愛隣牧場」（定員五〇人）の入所式をおこないました。長崎県下から集まった一二名の入所者と、第一期の職員二〇名でのスタートでした。

雲仙愛隣牧場は麓の国道から山に向かって車でおよそ一〇分ほど上がったところにありました。施設は鉄筋コンクリートの二階建て。当時の設置基準に基づき、入所者の居室は八畳の四人部屋です。入所施設は昼間の日中活動と暮らしの場がいっしょになっています。朝の「おはよう」から、夜の「おやすみなさい」まで、この建物で過ごすのです。

私たち夫婦は入所者と共に雲仙愛隣牧場に住み込みました。光浩も三歳になり、田島家の掟にしたがって祖父母に育てられる年齢になりました。しかし私は自分の経験から、親が育てるほうがよいと思い、施設にいっしょに連れてきました。施設の厨房横にある三畳一間の厨房控室が私たち家族の住まいでした。

毎朝五時になると、朝食の準備のため調理師たちが部屋に入ってきます。妻はそのまま起きて調理に取り掛かり、私と息子は布団を部屋から廊下に引きずり出して寝ていました。六時になると、今度は入所者が起きてきて「起きろ！」と、廊下で寝ている私の頭や肩を蹴飛ばして叩き起こすのです（いまでも第一期の入所者からは私は〝寝坊助《ネボスケ》〟というあだ名で呼ばれています）。そんなドタバタな日々がはじまりました。

光浩の声が出なくなった！

知的障がいといっても、さまざまな人がいます。

重度の自閉症の人は入所して三日間、一睡もせずにピョンピョン跳ね続けました。じっと見ているとニ〇〜三〇秒間、動きが止まるときがあります。驚いたことにその瞬間に眠っているのです。しかしすぐにまた理解不能な〝宇宙語〟をしゃべりながら跳ね続けます。担当の職員は一晩中一睡もできませんでした。

朝昼晩の食事は入所者全員と職員がそろって一斉に食べます。すると決まって米田仁さんと息子の光浩の喧嘩がはじまります。二十歳の仁さんと三歳の光浩は精神年齢がおなじくらいだったのか、いつも仲良しの二人組でした。しかし口で勝る光浩に仁さんが「みっちゃん（光浩）がいじめた」と泣き出し、思わず手を出してしまいます。仁さんは体力的には大人ですから、光浩は四、五メートル先までコロコロ転がって、今度は光浩が「仁ちゃんが叩いた」と、ギャーっと泣き叫ぶといった調子です。

私たち職員は一日の反省会や事務処理などで、就寝は毎晩一二時くらいになってしまいます。夜寝るときは、誰かの布団にもぐり込んで寝ている光浩を探し出しては、そっと抱き抱えて私たち家族の部屋である厨房控室に連れて帰るのが日課でした。

長崎県雲仙市瑞穂町の桑田地区に建設された施設全景。有明海沿いの国道から直線距離で4㎞ほど山間に入った台地である。昭和53年（1978）4月に入所授産施設「雲仙愛隣牧場」（写真下段左）、その3年後に入所更生施設「コロニー雲仙更生寮」（写真下段右）が開所した。

雲仙愛隣牧場が開所すると私たち親子３人（写真左端が私と息子の光浩）も三畳一間の厨房控室に住み込んだ。私は最初からいっしょに暮らして、せめて彼らの親代わりになって彼らが持つ障がいを受け止めたいと思っていた。しかし写真の私は少々くたびれているように見える。

昭和56年（1981）に街の中に福祉ホーム「有明荘」が開所すると、私たちもそこへ移り、平成20年（2008）まで暮らしていた。

そんなある日、光浩の声が出なくなりました。それまでのふつうの生活では親子三人水入らずで、母親が息子のすぐそばにいる環境だったので大きな声を出す必要はありません。ところが一二名の入所者以外にも職員が二〇人近く住み込んでいる環境では、ふつうの声で「お母さん」と呼んでも母親には届きません。

「お母さん！　お母さん！　お母さん！　お母さん！……」

一〇回も二〇回も何度も大きな声で繰り返し叫んで、やっと振り向いてもらえる状態でした。最初は声がかすれている程度だったのが、やがて口をパクパクするだけで声が出なくなってしまいました。長崎市民病院で診察してもらうと声帯にポリープができていました。大きな声を出し過ぎたことが原因でした。手術で除去しましたが生活環境が変わらないためすぐに再発します。手術、再発の繰り返しでした。

「ぼくが歌がへたなのは、声がわるいからです。どうして声がわるいかというと、のどにできものができて、何度も手術をしたからです。ですから、ぼくはいい声がでません。いい声がでないので歌がへたです。だから音楽の時間がとってもいやです」。これは光浩が小学校五年生のときに書いた作文です。「僕は施設の中でずっと生活していたから、こんなになってしまいました。今度生まれてくるときは、ぼくはふつうのおうちに生まれたいです」と結ばれていました。

異変が出たのは、光浩だけではありません。第一期の職員は、職員研修も兼ねて施設に一年間住み込みました。乳児といっしょに住み込んだ職員の夫婦は、日中の業務に疲れはて、夜中に自分の赤ちゃんが泣いても目を覚ましません。仕方がないので私がその子を抱えて夜通しあやしていました。こんな環境が〝生活〟と言えるのでしょうか？

〝生活〟とは〝生〟きる〝活〟動と書きます。人が喜び楽しみながら生きる活動です。ところが集団の中での生活は、残念ながらそのような〝生きる活動〟にはなり得ない。それは〝収容〟でしかありません。誰がそんなところで暮らしたいと思うでしょうか。

いまだに日本の福祉は高齢者、障がい者を問わず施設が基本です。全国で一三万人の人たちが入所施設で生活をしています。定員三〇人だからまだよいという意見もあります。しかし、三〇人でも無理なのです。

津久井やまゆり園の事件の検証会議で園長は、「自分たちは一生懸命に育てたんです。本人たちもとても幸せでした。とても幸せに生活していました」と証言し、親たちは「施設にはとても感謝しています。あの子たちはここで幸せに過ごしました」と悲しみをこらえて謝意を述べていました。しかし私は、とても複雑な思いで、その言葉を聞いていました。ほんとうにそうなのか。そういう職員や親や家族の中に、入所施設で暮らした人がいるのでしょうか。津久井やまゆり園は山岳地帯の狭間の街にあります。入所者は二人部屋で生活していました。そこでほんとうに幸せに〝生きている〟と言えるのか？　おなじ県立の入所施設で処遇環境が似ている宮城県の船形コロニーで入所していた重い障がいのある人たちを思い出して涙があふれました。一週間でもいいから彼らといっしょに生活をしてみれば、それが幸せではないことはすぐに理解できるはずです。

「早くお家に帰りたい」

入所者たちは、いったいなにを望んでいるのでしょうか？　答えはすぐに見つかりました。光浩の喧嘩友だちの米田仁さんは二十歳のとき雲仙愛隣牧場に入所しました。大きな体にランドセルを背負って「小学校の一年生に入学します！」と言って、お父さんといっしょにやってきました。それまで一歩も家を出たことがなく、やっと小学校の一年一組に入学するのだよと言い聞かされていました。入所式が終わって、お父さんが乗った車が動き出すと、仁さんは「僕も帰る、僕も帰る」と泣き叫びながら後を追いました。裸足で駆け出した仁さんを、まるでタックルするように職員が体で抱き止めて、「我慢してね、我慢してね」と繰り返しました。お父さんが大好きで、寝るときはいつもお父さんが抱いてあげていました。担当になった職員は、「今日から僕がお父さんの代わりになるからね」と言って、おなじように毎晩抱いて寝ることになりました。仁さんは「ニンジンさん、ニンジンさん」と言って、施設の玄関に出ていくのが日課でした。はじめはその意味がわかりませんでしたが、しばらく様子を見ていくうちに、「ニンジンさん」とは郵便配達員のことで、家族から届く手紙をひたすら待っていたのだということがわかりました。

入所する人たちは、こんなにも辛い肉親との別れを背負って施設にやってきます。誰も家族から離れて施設に入りたいと思って来たわけではないのです。私が両親に捨てられたと思った幼いときの記憶がよみがえりました。私には彼らの気持ちが痛いほどわかりました。

現在、福祉サービスは、「この事業所を使いたい」と希望する本人が、事業所と契約を結び利用する仕組みになっていますが、雲仙愛隣牧場を設立した当時の入所のかたちは、市町村が「この施設に行きなさい」と命令する「措置」という行政処分の一環でした。自分から入所を希望したのは、私の記憶するかぎり、ただ一人しかいません。ほとんどが本人は望まないまま、誰かに連れてこられたのです。

「どうしたいですか?」と私は一二名の入所者全員に尋ねました。その答えは、かつて全国の入所施設を回ったときに聞いた「早くお家に帰りたい」という言葉でした。

後年になりますが、南高愛隣会では、毎年秋になると利用者の人たちに、「あなたがいま、いちばんしたいことはなんですか?」というニーズ調査をしていました（現在は福祉系の大学生によるアンケート調査として残っている）。自分で話すことができる人には語ってもらい、言葉のない人は表情を観察して推測しました。毎年毎年、答えはいつもおなじでした。不動の一位、それは「早くお家に帰りたい」。そして二位は「お弁当を持って働きに行きたい」でした。結局、「南高愛隣会はとても良いところだから、ずっとここにいたい」という、私たちが期待するような答えは、ついに一度も聞くことができませんでした。

ほかの入所施設では居室や施設に鍵をつけて外に出ていかないようにしていましたが、雲仙愛隣牧場は鍵をつけませんでした。入所者は「お家に帰りたい」という思いがありながら、いつでも出ていける環境でも入所後三日のうちに施設から逃げ出した人はいないのです。それは施設の居心地がいいからではありません。彼らは肉親に置いていかれた日から諦めてしまったのか、ふつうの暮らしを知らないのか、あるいはそうとうに我慢強いかなのでしょう。そこで私は「お母さんに会いたい」「お家に帰りたい」と言っている人に、「どうして我慢してるの?」と尋ねたことがあります。すると「僕が施設から逃げ出したら、お母さんが悲しむから」と言うのです。

障がいのある人たちがこんな思いを胸に抱えていることを、共に生活をする中で身をもって本人たちから教えてもらったのです。

愛隣の旗の下での誓い

第一期職員二〇名のうち、知的障がい福祉の仕事に就いた経験がある人はわずか一人でした。

福祉のプロからみると、私たちは危なっかしい素人集団にみえたことでしょう。素人集団にできるのは、入所者である本人から教えてもらうしかない。そのため第一期の職員は、研修を兼ねて施設に一年間住み込んだのでした。

第二期の職員からは期間は半年間に縮まりましたが、この研修制度は雲仙愛隣牧場とコロニー雲仙更生寮が閉鎖される平成一九年（二〇〇七）まで続き、新任職員は入職して半年間、入所施設で障がいのある人たちと寝食を共にすることが南高愛隣会の伝統になりました。

研修は毎年四月一日からはじまります。三日目の夜中になると、かならず何人かが他の新任職員の目を盗んで私の所へやってきて、「もう我慢できません。辞めさせてください」と訴えるのです。これが〝三日目の壁〟です。この壁を乗り越えられず脱落しそうな職員のために、私は研修三日目の夜は徹夜で待機していることが恒例になりました。

研修期間が終了すると、一〇月一日に辞令交付式をおこないます。法人旗の「愛隣」の旗の下で「私は障がいのある人たちを守る活動をします。南高愛隣会の職員として精いっぱい頑張ります」と誓うのです。このときほとんどの職員は「辛かった！　苦しかった！」と言って涙を流します。〝三日目の壁〟を乗り越えて辛い研修を終えた安堵感と、これからは一人前の正職員として仕事ができることへの喜びの涙です。

そのとき私はいつもこんなことを話しました。

「みなさんは、大学を出られて、いろんな仕事の中から福祉の仕事をしたいと、自分で選んで採用試験を受けられた。たとえ研修というかたちでも給料をもらいながらここで勤務をしているわけです。しかも週に二日は外出できます。それに六カ月で終わるのだから、そのあいだ我慢すればいいのだとわかっています。ところが、入所者は、ほとんどが中学校を卒業して一五歳でここにやってきます。その中で施設に入所したいと心から望んだ人はいません。故郷から離れ、愛する家族のもとから離れ、みんな嫌々やってくるのです。そして、その施設からいつ出られるのかもわかりません。みなさんでさえそんなに辛かったのであれば、入所者はどんなにか辛い思いをしていることでしょう。『いつまでここで生活しなければならないのか？』彼らがそう思うのも当然ではないでしょうか」。

入所施設での暮らしがどれほど過酷で忍耐が必要かということと、入所者のいちばんの願いである「早くお家に帰りたい」という気持ちを実感することが、南高愛隣会の職員としてのスタートになるのです。

答えは本人が知っている

入所者から教えてもらったことは、これだけではありませんでした。

第一回の入所式が終わったその日のうちに、私と一二名の入所者は、雲仙愛隣牧場から麓の島原鉄道大正駅まで箒《ほうき》をかついで歩いて行きました。勝手に駅の清掃奉仕をすることにしたのです。出発前に彼らと申し合わせていたことがあります。それは途中で誰かに会ったら元気よく挨拶しようということでした。ミカン畑や田んぼで農作業をしている人の姿が見えました。彼らは少し緊張しながら思い切って「こんにちは」と声をかけましたが、誰ひとり挨拶を返してくれる人はありませんでした。

翌日も朝食を済ませてすぐに出かけました。昨日とおなじようにまた挨拶をしましたが、みんなピクリとも反応しません。それどころか、私たちを無視して素知らぬ顔で立ち去っていく人すらいました。表立って施設建設に反対しなかった人たちでしたが、私は内心「アイツもコイツも反対だったのか」と腹が立ってきました。そんな事情はいっしょにいる入所者たちにはなにもわかりません。彼らは挨拶の声が小さかったから聞こえなかったのだと思ったらしく、さらに大きな声で何度も「おはようございます」と叫ぶようになりました。西原弘子さんは、とうとう畑の中まで入っていって、その人の顔のすぐ近くで「おじちゃん、おはようございます」と言いました。それでも全然返事をしてくれないので、不思議そうな顔をしてもどってきて私にこう囁きました。「あの人かわいそう。耳が聞こえないみたい」。

翌日からは弘子さんだけでなく、ほかの入所者も畑に入っていって挨拶をするようになりました。私は止めずに黙って見ていました。さすがに地域の人たちは、この子たちは返事をしないでいると返事をするまで挨拶をするということがわかってきたようで、とうとう戸惑いながらも「う〜ん」と唸ったり、小さく頷《うなず》いたり、照れくさそうに顔を上げたりするようになりました。ちゃんとリアクションがあって気持ちが伝わったと確認できると、弘子さんは満足そうに笑顔で畑からもどってきました。すると四日目からは「おはようございます」と挨拶すると、畑の中から「おー」とか「おはよう」と手を挙げて応えてもらえるようになり、私たちを避ける人もいなくなりました。

それから一カ月ほどが過ぎた頃、早朝、雲仙愛隣牧場の庭に軽トラックが停まりました。運転している顔に見覚えがあります。彼は「施設の排水を下流に流すな」と無理難題を言って、強硬に施設建設に反対していた人でした。なにか苦情でも言いにきたのかと警戒しながら出てみると、玄関先に収穫したてのトウモロコシがどっさり入ったコンテナが三箱置いてあるではありませんか。私が面食らっていると「いま穫《と》ってきたとたい。子どもたちに食わせてくれんな」と言うのです。お礼を言いながらその理由を尋ねると、彼は頭を掻きながら「すまんじゃったなぁ。俺はこん子たちのことば『汚か』って言うたとばい」と打ち明けました。

瑞穂町の桑田に入所施設をつくると決めてから三年八カ月、ずっと反対されている地域の人のところを訪ねて頭を下げてまわりました。どんなに説得しても理解してもらえなかった人たちの頑《かたく》なな心を、一二名の入所者たちはただ元気に挨拶をしただけで解きほぐし、わずかひと月たらずで事態を急変させてしまったのです。

また開所後、すぐに四つの団体をつくりました。「コロニー雲仙連合育成会」の前身となる

「親・家族の会」、入所者たちによる「生徒会」、職員組合の「親和会」、そして地域の応援団の組織です。四つの組織と法人がうまく機能し力を合わせてきたことで、南高愛隣会は現在の姿に発展してきました。その中でも、もっとも大きな影響を与えてくれたのは「生徒会」でした。

「生徒会」では、入所者が職員を交えずにいろいろなことを話し合って、その結果を代表者が職員に伝えます。「おかずを増やせ」「おやつは煎餅《せんべい》よりも饅頭《まんじゅう》がいい」などといった意見が多かったのですが、なかにはびっくりするような意見がありました。たとえば、家族が施設を訪問する「コロニーの日」をつくりましたが、それにたいして生徒会から出たのは「その日は嫌いだ。親がいない人にとっては、こんなに嫌な日はない。家族が来る前に、家族が来ない人だけ集めて旅行に連れて行ってほしい」という意見でした。「コロニーの日をつくって家族が集まれるようになってよかった」と浮かれていた私たちには、考えてもみなかった意見でした。

こうした一連の出来事は、私に一つの確信をもたらしました。障がいのある人はどうしたら幸せになるのか？　なにを望んでいるのか？　その答えを知っていたのは、学者や政治家や福祉関係者といった専門家ではなく、障がいのある本人であるという、それは至極当然なことでした。そして、一二名の挨拶が地域を変えたように、それを実現できる力を障がいのある本人たちが持っているのです。福祉の支援者である私たちがすることは、まず〝福祉の専門家〟である障がいのある本人に聞くこと、そして聞き出したものをどう実現していくかを考えることです。〝福祉の専門家〟ではない私たちだけで考えておこなう福祉など、所詮ニセモノでしかありません。迷ったら障がいのある本人に聞く。私たちの判断基準は、障がいのある本人にとって良いか悪いかだけなのです。

南高愛隣会の方針が明確に決まった瞬間でした。

「出口」のある施設をつくろう

入所施設には、更生施設と授産施設の二つがあります。どちらも制度上は自立した生活をおこなう、すなわち施設から「出る」ことをめざしてはいましたが、実際ほとんどの施設が「入り口だけあって出口がない」という状況でした。

しかし、入所者は「早くお家に帰りたい」「家族といっしょに暮らしたい」と願っています。言葉で、動作で、態度で、目つきで、全身で「親や家族のもとに帰りたい」と訴えているのです。そうすると、私たちがするべきことはなんでしょう。「ここに来て幸せです」と言ってもらえる施設をつくることではありません。ただ彼らの希望を実現させることなのです。

新たな目標が定まりました。それは社会で生活するために必要な訓練をおこない、施設から社会に巣立っていけるように「出口のある施設」をつくることでした。そして空いた席に新しい人たちが入ってきて、入所者がどんどん回転していく施設をつくろう、と考えたのでした。

昭和五八年（一九八三）、全国の入所施設の施設長が集まる大会で、私は毎年定員の五パーセントを社会へ送り出そうと提言しました。当時は入所施設からの退所率は〇パーセントに近い時代でした。現実ばなれした意見に、半ば呆れられ「九州のドン・キホーテ」というあだ名まででつきました。しかし、私はもう迷うことはありませんでした。なぜなら、それが障がいのある人がほんとうに望んでいることだからです。

こうして南高愛隣会の「施設脱出作戦」がはじまりました。

第三章 税金を納めて自ら生きる人間に

――働くこと

知的障がい者は働けない？

施設を開設するときに、〝知恵は遅れていても立派な人間に〟〝生かされた人間ではなく自ら生きる人間に〟を理念に掲げました。そのとき頭に思い浮かべていたのが、一五歳のときに訪米使節団で訪れたジョンソン牧場のことです。「俺がつくったんだ」と誇らしげにガンベルトを見せてくれた彼らのように、障がいのある人もいきいきと働くことができる施設をつくりたいと考えていました。ところが、それは難しいことでした。約一〇万人（平成二八年六月現在）の知的障がい者が企業で雇用されている現在では信じられないことかもしれませんが、当時は「知的障がいの人たちは働く能力がない」と思われていたのです。初めて労働省を訪ねた昭和五四年（一九七九）には、身体障がい者の担当はいましたが、知的障がい者の担当はいませんでした。知的障がい者は福祉の対象であって、労働省があつかう「働ける人」の対象ではなく、施設に入所させて優しく守ってあげる「保護」の対象だったのです。

でも、ほんとうでしょうか？

障がいのある人たちは小学校に入学するとき、地域のふつうの小学校ではなく特殊学級や養護学校（現・特別支援学校）に入学させられます。そういう特別な場所で特別な教育を受けてはいますが、地域のふつうの場所でふつうに働くことについては、学ぶことも訓練を受けることも、実際に体験することもありません。わが国の職業能力は世界でも特別の高さといわれていて、働く場ではより高い能力を求められます。しかし、彼らは知的障がいがあるにもかかわらず、訓練も受けずに中学校を卒業するといきなり社会へ放り出されます。高校への進学率が九八パーセントという現代にです。それは知的障がい者にとって、一度も泳いだことがないのに大海原に投げ込まれたようなものです。それなのに社会の人たちは「障がいのある人たちは働く能力がない」と言っているのです。

ほんらい一人ひとりはたいへんな能力を持っているのに、それを引っ張りだせないでいる。なにもできないのではなく、なにもさせてもらってないのではないか。ジョンソン牧場を見てきた私には、日本の障がい者も教育や訓練を受ける機会があれば仕事をする能力を引き出すことができるという確信がありました。

当時、障がい者に支給される年金は、一人あたり月額一万数千円から二万円程度でした。経済的自立にはほど遠い金額です。本人たちが希望していた、入所施設を出て生活することを叶えるためには、最低賃金が保障できる企業に就職することが唯一の方法だったのです。

たくましい身体と精神をつくる

施設づくりにあたって〝大空を教室に、大地を黒板に、生きとし生けるものすべてを教材に〟というテーマを掲げました。施設の中での作業を中心にするのではなく、ジョンソン牧場のような大自然の中で生き物の世話をしながら、一人ひとりの能力を高めていくための治療や教育、指導と訓練をおこなおうと考えました。やるからには本格的な牧場にしたいと思い、三〇ヘクタールの敷地に、豚、牛、ヤギやヒツジなどの動物の飼育と、マスクメロンや西瓜、トウモロコシなどの野菜栽培ができる牧場をつくることにしました。牛舎や豚舎などの建築資金はありませんから、入所者と職員が自ら建てることにしました。地域での挨拶運動をとおして、すでに南高愛隣会の応援団のような人たちも増えていたので、あちらこちらから情報を集め、廃材をもらったり拾ったりして建築資材にしました。穴を掘り、柱を立て、セメントを練ることにも挑戦しました。牧場内の開墾、コンクリート道路の整備も入所者と職員がいっしょにおこないました。そうして教材として飼いはじめた家畜の数はどんどん増え、最盛期には、牛三〇〇頭、豚五〇〇頭、鶏は八〇〇〇〇羽という規模にまで膨れ上がりました。さらに五〇〇〇〇平方メートルのビニールハウスではメロンを栽培し、相当な収量が見込めるほどになりました。雲仙愛隣牧場の存在は地元の農業のかたちすら変化させました。私たちは施設の中で牛を飼って仔牛を産ませます。その仔牛を保育してある程度おおきくなったら、こんどは地域の農家が肥育するのです。こういう仕組みで施設と地域の絆が強まっていきました。

さて雲仙愛隣牧場で、まず取り組んだのが「たくましい身体とたくましい精神づくり」です。開設した当初、入所者の健康状態はきわめて悪く、働こうにも体力がある人はほとんどいませ

豚舎や牛舎など雲仙愛隣牧場のほとんどの設備は入所者と職員がいっしょになってつくった。写真は豚舎の基礎づくりに励む私の姿である。たよりない腰つきではあるが、みんながむしゃらに働いた。資材は瑞穂中学校校舎の解体廃材を利用した。

んでした。体の動きが鈍かったり、肢体が不自由な重複障がいを持った人もいました。八時間の勤務時間に耐える体力をつけるところからはじめなければなりませんでした。

起床から就寝まで、たくましい身体と精神を鍛えるためのメニューが組まれました。朝六時に起床し、施設前の広場に集まって国旗掲揚とラジオ体操第一、それが終わると施設周辺二キロメートルをランニング、もどるとラジオ体操第二をして、やっと朝食です。午前八時から夕方五時までは広い雲仙愛隣牧場の中で働きます。「三歩以上は駆け足」という標語を掲げ、各作業場への移動も走るように徹底しました。夕食後は体育館に集まり、体のバランス感覚をつ

入所者は広い雲仙愛隣牧場の中を駆け足で移動した。自然の中で生き物を飼い、作物を育てる牧場にはさまざまな作業がある。力強く動くことができる人は馬を世話し、牛や豚を飼う。肢体不自由や重複障がいのある人はブロイラーや地鶏の飼育をする。一人ひとりに合った作業をとおして働くための体力をつけていった。

ける協調運動をおこない、長い一日が終わります。便秘を予防するために五種類の生野菜をすりつぶしたものを食べ、水風呂と湯風呂に交互に入って血行をよくする温冷浴など、健康維持のために「西式健康法」も導入しました。社会人として基本的な躾である挨拶、姿勢、身だしなみもきちんとできるよう指導しました。「精神薄弱者はだらしない」と言われることが多かったので、自分たちを八ミリカメラで撮影し、どうすればだらしなく見えないかを入所者といっしょに考えたりもしました。

働く意欲を生み出す

働く体力がついてくると、次は働く意欲をどう生み出すかが課題になりました。障がいのある人たちは、家では王子様やお姫様のように育てられていることが多いのです。親は障がいのない子には「自分でちゃんとやりなさい」と躾けるのに、障がいのある子には「お前はなにもしなくていいよ」と言って甘やかしてしまいます。家では菓子を食べながらダラダラしていてもなにも言われないのに、雲仙愛隣牧場に来たとたん私から「働け」「サボるな」と言われても、なかなかやる気を出して働くことができません。ただ、自分が興味のあることや好きなことには、かなり集中して作業することができるということがわかってきました。そのきっかけは冒頭で紹介した林田善一さんでした。

入所してきたときの善一さんは、全身リウマチを患い、ヘルニアも併発していて歩くどころか動くことさえできない状態でした。すぐに整形外科に入院してもらい、日中はリハビリのために散歩をすすめられました。しかし、善一さんは一人で散歩なんかしたくないと言います。「じゃあ、どうしたい?」と聞くと「ヤギば飼こうてくれ、二匹」。きっと彼が育った家にはヤギがいたのでしょう。ヤギが来た日から善一さんはヤギを連れて散歩に出かけるようになりました。ヤギはあちこち寄り道しながら草を食《は》んでいます。そのゆっくりとしたスピードが善一さんの歩くペースに合っていたようです。散歩からもどってヤギを小屋に入れたあと、善一さんは餌にする草を刈りに出かけます。腰が痛いのも忘れて、雨が降っても一日も休まず草を刈ります。リハビリのための散歩は嫌がるのにヤギの世話ならこんなにも動けるのです。そしてほかの利用者たちは善一さんが楽しそうに作業している様子を興味津々に見ていて、やがて自発的に手伝う人も出てきました。それを見て、私は本人が楽しめるやり方を見つけて仕事をすればいいのだということがわかってきました。

こうして私たちは、障がいの程度や成長の度合い、成育歴の違う利用者の一人ひとりに合った教育や訓練を見つけていきました。体力のある人たちは牛や馬、豚の世話をし、身体に障がいや重複障がいがある人たちは、ヒツジや鶏の世話などの軽作業をしながら体を鍛えていきました。多様な作業が選択できる牧場の仕事は、障がいのある彼らにはうってつけでした。とくに養豚科は人気がありました。一カ月もしないうちに豚は世話をしてくれる人を覚えて、彼らが餌をやりに行くとその足音を聞きつけて待っているのです。そうなると豚がだんだんかわいくなる、もっと頑張って世話をするようになる、ますます豚がなつく、という好循環が生まれます。ほんとうは部屋でゴロゴロしていたいのだろうけれど、豚が待っているから頑張って豚舎に向かいます。働くことは楽しいことだと思うことが彼らのモチベーションを上げるのです。そして自分が積極的に働くことで周囲から褒められ、認められることがわかってきます。

本人が興味のあるものとの「遊び」が、やがては働く意欲を育んでいくという実証が、南高愛隣会の職業訓練の基本になりました。

卒業のある入所施設

雲仙愛隣牧場の開所とほぼ同時に、私は地元の島原半島全域と諫早市にある企業を片っ端から訪ねてまわりました。就職の斡旋です。しかし、どの企業も知的な障がいがあると言うと雇用には難色を示しました。知的な障がいのある人は働く能力がないと思われていたからです。そこで半年過ぎた頃から企業側に、雇用ではなく職場実習というかたちで受け入れてもらえないかとお願いしました。すると「無給でいいなら」と、いくつかの企業が受け入れてくれるようになったのです。比較的軽度の障がいの人なら短期間で仕事を覚えることができ、また職場の人も相手の障がいの〝くせ〟が理解できればコミュニケーションもとれることがわかってきます。入所者は牧場のきつい仕事で鍛えられているので、職場実習がとても楽に感じるようで、施設内での作業よりも職場実習に行きたがりました。このようにして職場実習から就労へと結びつくケースが出てきました。

昭和五四年（一九七九）三月に雲仙愛隣牧場で第一回の修了式をおこないました。施設での厳しい指導・教育を終え、社会の中で働いて生活できる力がついた人たちは、措置処分を解除され施設を出ることができます。初年度は六名が就職を果たし巣立ちました。私が確信していたとおり本人たちが努力して力をつければ、知的障がいの人でも働くことができることが証明されたのです。卒業のある入所施設の誕生です。

地域に出るための卒業試験

昭和六二年（一九八七）からは、施設から地域に出ていく最後のステップとして、卒業試験にあたる「修了考査」を設けました。修了考査に合格しないと施設を卒業できません。合格できないと追加考査もあります。

修了考査は長崎、佐賀、熊本三県にわたる有明海沿岸一四〇キロメートルを、徒歩で踏破する三泊四日の行程です。体力と精神力の限界に挑戦することで、地域生活に向けての自信をつけ、同時に共に歩く仲間への思いやりと助け合う心を養うのが目的です。道中はよい天気ばかりとはかぎりません。地域での厳しい生活を暗示するかのように、かならずと言っていいほど雨や嵐に遭遇します。三月末におこなわれる修了考査には、新しく入職する新任職員も同行しました。修了候補者のサポートが役目ですが、次第に自分自身も全行程を踏破することに必死になります。歩き終わる頃には、靴ずれができ、筋肉痛で足が動かなくなり、なかには疲労骨折をする人も出てくるほど過酷な行程です。施設から地域に出るためには、それくらい厳しい訓練が必要だったのです。自分の限界に挑戦する体験をすると、顔つきや目つきや動作が驚くほど変わります。そして、新任職員は懸命に歩く修了候補者の姿を目の当たりにして、施設を出て地域で暮らしたいという彼らの強い思いを学ぶことにもなるのです。

税金を納める人間に

第一期の修了生が巣立った年の五月頃、地元の食品会社に就職した東次男さんが会いにきてくれました。人と接するのが苦手で、あまり笑わず寡黙《かもく》な人でしたが、その日はめずらしくニコニコして、手に握った紙片を見せてくれました。それは彼が初めてもらった四月の給料明細書でした。そして所得税の欄を指さして「こがん取らるっとぞ」と言うのです。給料から差し引かれた所得税が不満なような、しかし誇らしげな表情です。私は入所したときからずっと見てきたので、彼の気持ちが手に取るようにわかりました。彼は私に「俺は税金を納めてるんだ

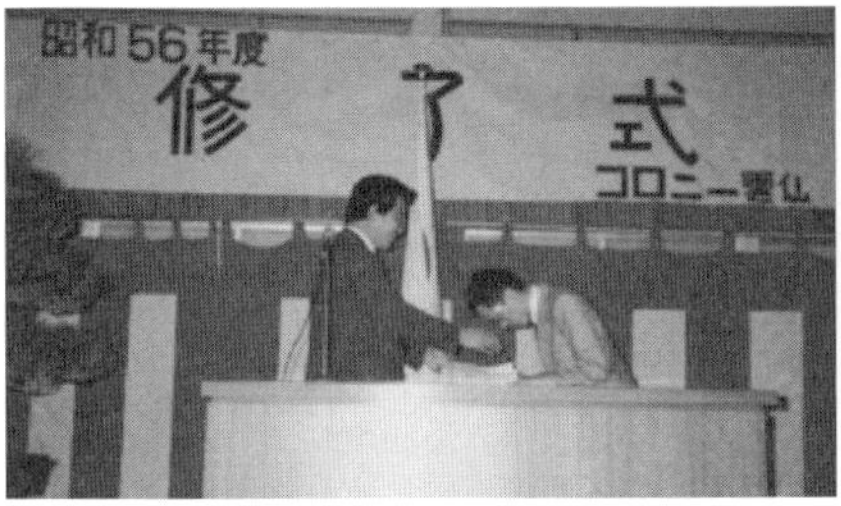

施設に入所しているほとんどの人が「早く施設を修了して、ここから出たい」と思っている。そのため苛酷な修了考査にも懸命に挑んだ。修了生にたいし、修了式で私は一人ひとりに「遅くなってごめんなさい」と言って修了証を手渡した。平成 19 年（2007）の入所施設閉園までに、304 名が社会的自立を果たした。

ぞ」と自慢しにきたのです。私が「すごいなぁ、税金をこんなに納めたのか」と言うと、彼は満面の笑みを浮かべて頷きました。

ふつうの人は税金を引かれることを嫌がります。引かれる額はできるだけ少ないほうがよいと思うでしょう。ところが彼らは違いました。入所者は年間約二〇〇万円の措置費をもらって生活しています。措置費は国民の税金です。入所施設にいるかぎり入所者は税金によって生かされているのです。しかし、地域で暮らすために施設を出ると措置が解除されます。生活費は自分で働いて稼がないといけなくなります。税金も納めなければなりません。でもそれは自分の稼いだお金で生きているということです。納税こそが「なにもできない」と言われてきた障がいのある人が、一人前として社会に認められた証の一つなのです。まさに〝生かされた人間ではなく、自ら生きる人間に〟なったということです。働くことは経済的自立だけではなく、「自信と誇り」を取り戻すことになるということを、東さんの笑顔から教えられました。

職業訓練の仕組みづくり

入所者の中には強度行動障がいや、知的障がいと精神障がいを重複している人、また自閉症など非常に重い障がいのある人たちもいました。そんな彼らに「頑張って働け」と言うのはあまり現実的ではなく、それよりも医療的なケアや情緒を安定させる処遇のほうが必要でした。そのため授産施設よりもゆったりしたペースで生活訓練ができる施設として、昭和五六年（一九八一）に入所更生施設「コロニー雲仙更生寮」（定員五〇人）を開設しました。それまでの取り組みをベースに、雲仙愛隣牧場と更生寮の二つの入所施設を使った、社会で働く力をつけるための指導体系がつくられました。

新入所者は、更生寮の生活指導部に入ります。医療的ケアや生活訓練とともに、比較的軽作業の鶏などの飼育をしながら、健康な身体づくりと基本的な生活習慣の確立をめざします。次のステップは雲仙愛隣牧場の授産事業部です。本人の興味をひく活動からはじまり、徐々に一般企業に近い労働環境で牛や豚の飼育、食肉加工、シイタケ栽培などをおこない、勤労意欲や働くための体力、協調性などの基本的労働習慣を育てていきます。施設内の訓練で成果が認められると地域の企業での園外実習に移ります。実習費をもらいながら、より実際の労働環境に近いところでの職業訓練です。最後に修了考査に合格すれば入所施設の卒業です。この時点で措置処分は解除され、施設を出て社会で働きながら生活することができます。早い人で二、三年、およそ五年で入所施設を卒業するという流れができました。

生活の場も地域をめざす

入所施設からの卒業をめざし、生活の場でのチャレンジもはじまりました。施設を開設した当時、入所者の障がいの程度も軽度から重度までと大きな幅がありました。そのため全員をすぐに社会に送り出すことは無理でした。そこで、まずリーダー役を担う人を養成することにしました。みんなの模範になりそうな五名を選び、グループをつくりました。彼らを担当していた職員が、警視庁交通機動隊の勤務経験があったので、このグループに〝機動隊〟と名づけました。みんながひと目見ただけでわかるように、しかも「いいなぁ、私もあんなふうになりたい」と感じてもらうために、いろいろな工夫をしました。リーダーのシンボルとして首にカラフルなネッカチーフを巻いたのもその一つです。食事のときには余ったおかずを一品多くもらえるなど、日常生活の中でもささやかなサービスが受けられるようにしました。その効果は絶大でした。ひと目でリーダーとわかり、自他共にそれを自覚します。それによりリーダーはますます張り切り、ほかの入所者は彼らに憧れて自分もリーダーになれるように頑張るのです。自信と誇りに満ちた五人の姿は、みんなの目標となっていきました。

しかし、おかしなことに気づきました。昼間はネッカチーフを巻いて格好いい五人組ですが、夜はみんなといっしょに四人部屋で過ごさなければなりません。彼らに見合う〝生活〟がないことが気になっていました。そこで雲仙愛隣牧場の中庭に、古くなったモデルハウスをもらい受け、移築しました。「あすなろ荘」と名づけたそのプレハブ住宅で彼らの生活がはじまりました。六畳間が三室あり、一室を二人で使う狭い家です。洗面所とトイレはありましたが、風呂や台所がないため、食事や入浴、洗濯は施設で済ませ、夜になると中庭の〝わが家〟にもどっ

あすなろ荘は安普請《やすぶしん》のプレハブ造りであったが、入所者にとっても私にとっても憧れの“お城”であった。そういった思いやここでの暮らしぶりが、その後の南高愛隣会独自の自立訓練棟や生活ホームの取り組みへとつながりグループホームを生み出した。新たな取り組みに挑戦してきた南高愛隣会の原点ともいえる建物である。

ていきます。朝は施設で朝食をとり、そのまま出勤するのですが、それでもあすなろ荘での暮らしは四人部屋の入所施設とは別世界でした。いちばん大きな違いは、なによりも本人たちがいきいきと生活を楽しむことができるようになったことです。よく眠る、よく笑う、よく休む、ふつうの暮らしに大切な、そういう一つひとつの行動ができるようになりました。これがまさに〝生活〟なのです。〝プレハブのお城〟（あすなろ荘）は、ほかの入所者からも「私もあそこで生活したい」という声が上がるような憧れの場所になりました。あすなろ荘は、私たち家族三人が住んでいた厨房控室のドアを開けると、すぐ目の前にありました。この家には理事長である私が入居してしかるべきではないのかと、大人げもなく嫉妬したほど、うらやましい暮らしでした。

このあすなろ荘から生まれたのが「自立訓練棟」と「生活ホーム」という南高愛隣会独自の仕組みです。少人数が共に小舎で暮らすスタイルですが、自立訓練棟は施設入所中に生活訓練をおこなう場、生活ホームは施設を修了したあとの暮らしの場です。大人数の入所施設から、措置を継続したまま職業訓練の段階に合わせて自立訓練棟に移り、施設を修了して措置を解除したあとは生活ホームで生活するという最初の道筋ができました。

本人たちの希望を叶えるために、施設の敷地内に一棟また一棟と自立訓練棟をつくっていきました。どの家も大工さんと職員と入所者の手で、いっしょに汗を流してつくったものです。貧弱な建物でしたが、そこに住む人たちは喜んでいましたし、入所施設の人たちはうらやましがっていました。何億円もかけて建てられた立派な施設での暮らしよりも、木造のオンボロ家での暮らしを望むのですから、なんだか不思議な光景でした。

このような生活の場のあり方が明日への活力を養い、いきいきと働くために、非常に大事になってくるというのは大きな発見でした。

地域での見守りの場をつくる

全国手をつなぐ育成会の理事長だった仲野好雄先生には、亡くなるまで南高愛隣会の顧問を務めていただきました。ある日、夕食をごいっしょしていると、「人前で落涙《らくるい》するとは不覚の至り」と詫《わ》びながら、先生は突然涙を流され、滋賀県の信楽《しがらき》青年寮にいたご子息のことを話されました。信楽青年寮は池田太郎先生（社会福祉教育家。糸賀一雄、田村一二らと近江学園を創立した）が設立された施設です。障がいのある人が施設から出て、地元の信楽焼の窯元で働くという先駆的な取り組みをすすめており、私も見学に訪れ感銘を受けたばかりでした。

仲野先生は信楽青年寮の開設にあたって、各方面に働きかけ寄付を募って尽力しました。そしてご子息は東京から信楽にやってきて、民間下宿に住んで信楽焼の工場で働くようになりました。民間下宿は、勤めている人たちが一般家庭の空部屋に下宿して、そこから職場に通うという、制度外でつくっていたものでした。七月の終わり頃に先生のご自宅に急を告げる電話がありました。仲野夫妻は急いで信楽に駆けつけましたが、すでに下宿の部屋で布団に寝たままの姿で亡くなっていました。三〇歳を目前にした突然の死でした。死因は心臓発作でした。しかし、彼の死に一週間、誰も気づかなかったのです。夏の暑さで遺体は夫人に見せられるような状態ではなかったと言います。勤めていた会社は無断欠勤しても安否確認さえせず、また民間下宿も別棟の離れになっていたので大家さんとの往き来もありませんでした。彼はダウン症でしたから、けっして作業能力が高かったわけではなかったでしょう。それでも一生懸命に努力して、働きながら憧れの民間下宿で生活していました。それなのに最期は、誰にも看取られず逝ってしまいました。しかも最愛の母親とも面会できない姿で。この悲しい出来事を話しながら、私の前で仲野先生は涙を流されたのです。そして、「障がいのある子どもたちは、いつまでたっても安心できない。働けるようになったからとか、ここまでやったから安心だ、大丈夫だとは、障がいのあることを知らない人が言う台詞《せりふ》で、誰かがどこかで、いつまでも、ずっと見守ることが必要なのだ」と力説されました。信楽青年寮について仲野先生が話をされたのは後にも先にもこのときだけでした。この話は、生活の場を地域に展開しようとしていた私に大きな影響をあたえました。

そのあと仲野先生らの尽力でつくられたのが民間下宿に似た「福祉ホーム」（昭和五四年制度化）という制度です。いわば管理人付きの障がい者用のアパートです。

雲仙愛隣牧場では毎年つぎつぎに施設を出て就職する人がでてきて、新しい生活ホームがつくられていきました。しかし、それらは駅やバス停のある国道から上った山の中腹にあって、通勤するには不便な場所でした。そこで昭和五六年（一九八一）に通勤や買い物に便利な国道の近くに福祉ホーム「有明荘」をつくりました。街の中につくった最初の暮らしの場でした。

仲野先生の話から、障がいのある人には生活の場だけではなく、見守りの体制をつくらなくてはならないと学んだ私は、有明荘を地域の見守りの拠点にしようと考えました。施設を出て地域で生活する人たちへのアフターフォローは、最初は入所施設を拠点にしてきましたが、やがて街の中にある有明荘を拠点として、そこから生活ホームを支えていくというかたちになっていきました。福祉ホームは国から支給される手当が十分ではないため職員を置くことができず、やむをえず妻が管理人に、私は居候というかたちで住み込むことになりました。入所者と共に山から街の中へ移ることができた息子の光浩は大喜びでした。こうして施設を出た人を支える仕組みができてきました。

地域生活の拠点、通勤寮

このかたちは通勤寮「双葉寮」に引き継がれます。雲仙愛隣牧場の開所から七年たった昭和六〇年（一九八五）頃には、施設を修了した人は六〇名近くになっていました。なかには就職はできたものの失敗する人も出てきました。その原因を調べてみると、働く部分の問題ではなく、生活面の問題で挫折してしまう人が多くいました。たとえば夜遅くまでテレビを見て朝起きれずに、翌日は「頭が痛い、体が痛い」と言って仕事を休んでしまったり、家や生活ホームでのゴタゴタをそのまま職場に持ち込んでしまい、仕事に支障が出るといった具合です。知的障がいのある人は生活と職場での活動が、車の両輪のようにバランスよくいかないと働くことが難しくなり、離職につながってしまいます。

南高愛隣会では昭和五八年（一九八三）から、後述する「重度障害者特別能力開発訓練事業」をはじめたことによって、二〇名もの人が一挙に地域に出ることになっていました。そうする

施設を出て就職した人のための生活の場である生活ホームは、まず施設の近辺に建てられた。しかし通勤に不便なだけではなく、地域で暮らすための社会適応能力を高めるためにも、利便性のある街の中に建てられるようになった。写真は初めて街の中につくった生活ホーム「中田ホーム」（有明町）。男性５人が暮らし、食事も買い物も自分たちでおこなっていた。

と有明荘のような管理人が一人だけの福祉ホームでは、地域生活支援の拠点としては非常に弱いのです。そのため昭和六〇年（一九八五）、有明荘の近くに、日中働いている人の生活を見守る通勤寮「双葉寮」を開設しました。通勤寮は昭和四六年に制度化されていましたが、ようやく利用できる状況になりました。通勤寮が誕生したことで地域の中での暮らしを支える体制が一気にすすみました。

一つが生活訓練です。これまでの自立訓練棟は山の中の入所施設の近くにあり、どんなに訓練しても、とくに社会適応能力という点ではなかなか成果があがりませんでした。しかし双葉寮は彼らが働く企業の近くの環境にあるため、双葉寮で生活訓練をおこなうことでより実践的で効果的な成果がみられるようになりました。

二つ目がアフターフォローの役割です。双葉寮には通勤寮の職員のほかに就労担当と生活担当の専門ワーカーを配置し、地域に出たあとの障がい者を生活と職業の両面で支える体制を整えました。このワーカーがのちに、職場に出向いて障がい者が働きやすい環境を整えるジョブコーチ（職場適応援助者）や、「働きたい」という障がい者を就職につなげる障がい者のハローワーク「障害者就業・生活支援センター」（共に平成一四年制度化）につながっていきます。

三つ目が再訓練の機能です。いったん地域に出て、反社会的行動や問題を起こして勤務先を解雇された人がいたら通勤寮で受け入れ、生活訓練をおこなう仕組みをつくりました。

福祉ホームは利用者一〇人にたいして一人の管理人しか置けず、その管理人も職員の給与規定に見合うような手当が出せない仕組みになっていました。給与をきちんと払って専門の職員を配属できるような方法がないだろうかと考えて、生活ホームに職員を配属し、いっしょに生活しながら見守るという仕組みを考えました。これには全国に先駆けて長崎県が関心を示し、昭和六一年（一九八六）から長崎県独自の事業として「精神薄弱者生活ホーム」という制度をつくってもらいました。これが通勤寮を出た人の次の受け皿になりました。

こうして、働く場、生活する場、それを支える体制という、出口のある施設の仕組みが徐々に整備され、入所施設の中で昼も夜も活動するという体制から、日中と夜の生活を分けて活動する体制へと固まっていきました。

理不尽とはとことん闘う

働く仕組みは整えられていきましたが、それを支える制度はなかなかすすみませんでした。当時、労働省には知的障がい者を扱う担当者すらいませんでした。「こんなにたくさん職員がいるのに、知的障がい者の担当がいないのはどうしてですか」と聞いても誰も返事をしません。「農林省に行けば、牛や豚、野菜などそれぞれの担当者がいるのに、人間である知的障がい者の担当者がいないのはどういうことか！」と喧嘩腰で怒鳴って帰ったりもしました。

これをきっかけにして私は東京出張のたびに労働省に顔を出し、「知的障がい者の担当者は決まりましたか」としつこく尋ねることが慣例になりました。そのうち私が行くと職員たちはスーッと席を立って姿を隠すようになりました。部屋に残っていた課長に「課長、ちゃんと考えてくださいよ」と言うと、プイっと横を向く始末です。国会議員の秘書をしていた頃は下にも置かないような待遇だったのに、バッジの後ろ盾がなくなったとたん、まるでクレーマー扱いです。そのたびに「もっと国民のことをしっかり考えろ！」と捨て台詞を残して帰るという繰り返しでした。

そういうわけで、当時は知的障がい者の労働を支える制度などまったくありませんでした。しかし私には最初から、従来の法律や制度の枠の中でものを考え、実践していくという発想はありませんでしたから、必要と思うことは現場でどんどん実践していきました。

初めておこなったのが施設のオープン化事業です。養護学校の子どもたちは実習できる機会が少なく、学校の中だけでは実習にも限界があるということだったので、雲仙愛隣牧場を開放し、長崎県下の養護学校の実習を全面的に受け入れることにしました。呼びかけてみると、県内の養護学校から施設見学や宿泊体験の依頼がありました。しかし、制度外のことをやるのですから、当然行政とはぶつかります。実習を受け入れた翌年、長崎県の監査が入り、養護学校の実習は認められないと指摘されました。「入所施設は入所者だけにしかサービスできない。それ以外を受け入れるのなら、目的違反で改善命令を出す」と脅迫まがいに言うのです。しかし私たちは、せっかく国民の税金でつくった施設なのだから、より多くの人たちに利用してもらおうという考えですから、行政と話し合っても平行線で、最後は行政訴訟で白黒をつけようというところまでこじれてしまいました。ちょうどその頃、厚生省の職員が初めて現地視察に来られたので、この件を相談してみました。すると「それはありがたい。せっかく税金で施設をつくったのに利用できるのは入所した人だけに限られてしまう。入所できない在宅の障がい者にもサービスを受けられる機会を広げたい」と言い、さっそく昭和五五年（一九八〇）から施設のオープン化事業（心身障害児・者施設地域療育事業）がはじまりました。これが、南高愛隣会が先行したことによってできた国の制度の第一号となりました。

正しいと思うことは行政と対立しても現場で実践する。そして、その一方で行政に提言し、制度をつくっていくというのが南高愛隣会のやり方になりました。

この施設オープン化事業を皮切りに、いろいろな制度が南高愛隣会から生まれていきました。私は現場での実践をもとに、制度にすることにこだわりました。それは、障がいのある人の希望を叶えるためにどんなによい取り組みをおこなっても、それが制度化されていないと、近藤先生ののぎく寮のようになってしまい、永続していくことができないからです。昭和五五年（一九八〇）以降のわが国の知的障がいに関する制度は、障害者総合支援法を筆頭にほとんど南高愛隣会の実践から生まれたものです。障がいのある本人の希望にもとづいて、実際の現場でやってみたうえで提言されたものですから、障がい者ではない人が机上で考えたものとは違って、ほんとうに本人のためのサービスとなっています。

結局、「入所者以外へのサービスは認めない」と頑なだった長崎県は、制度化されると一転して、「ぜひやってくれ」と頼んでくるようになりました。手のひらを返したような県のやり方に、私はちょっと意地になって、実習はするが県からの補助金は受け取らないという姿勢をとりました。

このように行政の役人とは何度も対立しました。とくに許せなかったのは、主権者である国民をないがしろにしている態度です。ほんらい公務員は日本国民の味方であるはずなのに、おなじ国民である障がいのある人たちを支える制度や法律がない。だから私たちが、足りない部分を補う〝制度を超えたサービス〟をしようとすると、杓子定規《しゃくしじょうぎ》に「改善指導」で変更を迫るのです。そんなときは「あなたは誰のために仕事をしているのか！」と言って、徹底的に論争しました。戦時中、特高警察と闘った父の血を引き継いだのでしょうか。

役所の中にも味方が

施設のオープン化事業が認められてからも労働省通いは続いていました。ある日、いつものように、担当者は決まったのか、部署はできたのかと喚《わめ》いたあと帰ろうと廊下に出たとき「ちょっと私の部屋で、いまの話を聞かせてもらえませんか」と呼び止める声がしました。当時、労働省で審議官をしていた加藤孝さんでした。私を部屋に招き入れ、相槌《あいづち》を打ちながら熱心に話を聞いてくれました。私にとって加藤さんは労働省で最初の理解者でした。彼が職業安定局長に就任したときに雲仙の現場視察に来ていただきました。二時間も早く到着し、予定よりもさらに二時間長く見学されました。そのとき中村一誠さんが鶏舎で作業している場面に遭遇しました。一誠さんは重度重複障がいがあり、医者から「あと半年の命」と告げられていた人です。その彼が一生懸命に一輪車で鶏舎のおがくずを外に運んでいるのです。加藤さんはその姿を長いあいだじっと見つめていましたが、やがて一誠さんに近づいて彼の手を握ると、「ごめんね。申し訳なかった」と何度も謝りました。私は驚いて、その理由を尋ねました。加藤さんは、労働省の課長だったときに知的障がい者の入所施設を四カ所視察していました。そのときの体験から、身体障がい者は働くことができても知的障がい者は働くことができないと思い込んでいたのです。そして「今日、彼が一輪車を押して一生懸命働いている姿を見て、私が間違っていたことに気づきました。今後はできるだけのお手伝いをします」と約束してくれたのです。加藤さんは後に労働事務次官となり、その言葉どおり障がい者雇用の分野でさまざまな制度の実現に尽力いただきました。知的な障がいがある人たちの「働く」分野での恩人の一人です。

障がい者雇用に関する法律には、昭和三五年（一九六〇）につくられた身体障害者雇用促進法がありましたが、これは身体障がい者のみを対象にしたもので、知的障がい者や精神障がい者は対象外でした。公的機関は法律の範囲内でしか支援ができず、だから私がいくら労働省で

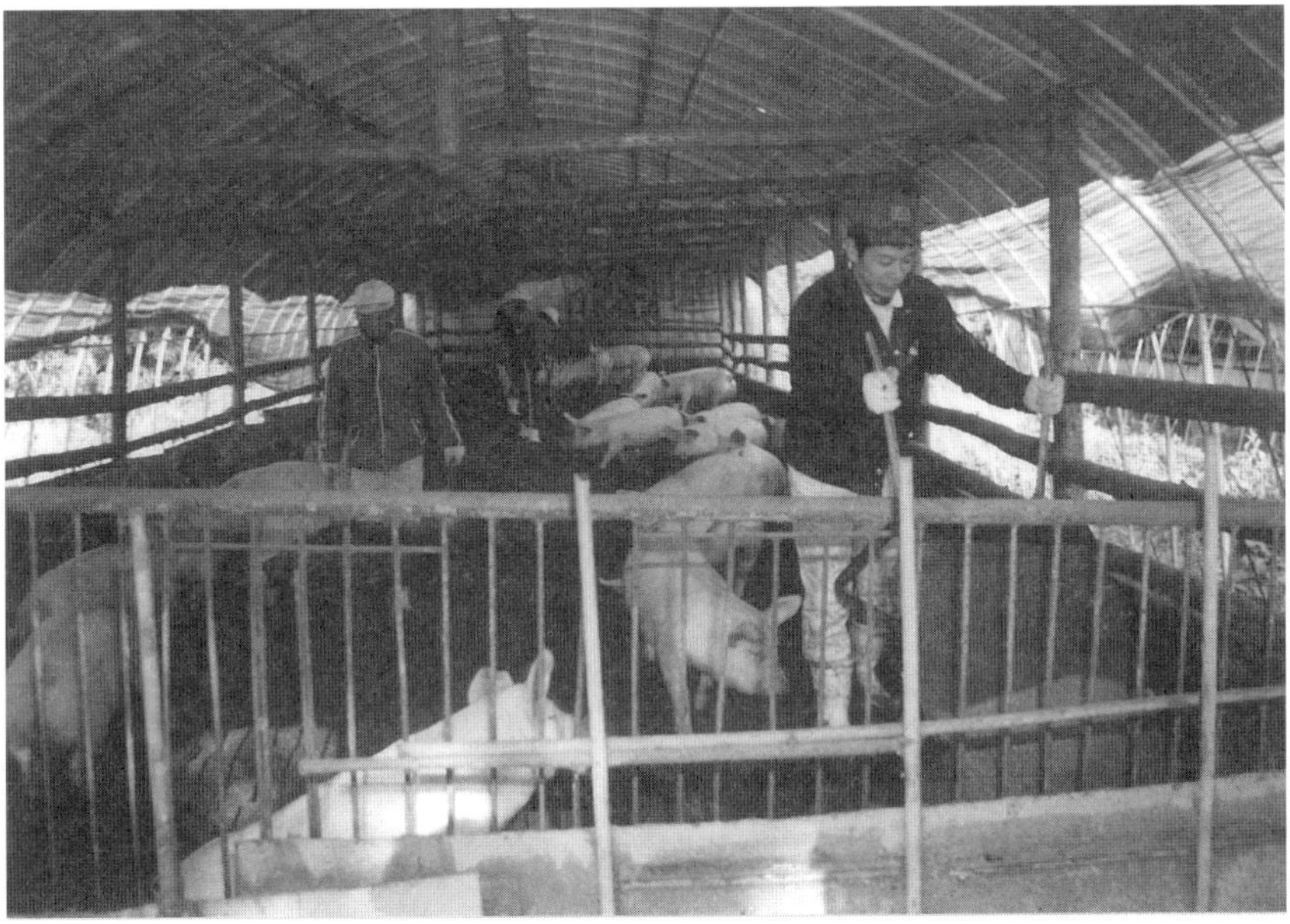

雲仙愛隣牧場の豚舎で作業する中村一誠さん。一生懸命に働く彼の姿が労働省の加藤孝職業安定局長（当時）の心を変えた。重度重複障がいで余命半年と宣告されていた一誠さんの変化は、南高愛隣会の試みに大きな自信を与えてくれた。

声を上げてもすすまなかったわけです。しかし、役所の中で加藤さんのように話を聞いてくれる人が少しずつ増えてきて、やがて知的障がいがある人たちの就職支援について議論されるようになりました。

私がまず訴えたのが、労働省の内部に知的障がい者の雇用支援を担当する課をつくることでした。担当課ができれば対策がどんどんすすむと教えてくださったのは道正邦彦さん（雇用促進事業団理事長）です。道正さんは福田内閣の官房副長官、労働省事務次官などをされた、たいへん実力のある人で、中曽根康弘首相や倉成先生とも近い人でした。加藤孝さんと道正邦彦さんの二人は労働行政に関する私の師匠です。当時は第一次中曽根内閣で、財政改革に取り組み、国鉄や公社の民営化をすすめていた時代です。職員を一人増やすのは予算を一億円増やすより難しいと言われていました。尻込みする労働省の役人にたいしても、私は、必要なものはつくるんだ、という強硬なスタンスを崩すことはありませんでした。そして、ついに昭和五八年（一九八三）四月に障害者雇用対策室が創設され、それまで一人の担当者もいなかった労働省に、室長以下一一名の職員が配属されました。二年後の昭和六〇年（一九八五）には念願の「課」に昇格しました。

つづいて私は、大もとの法律の改定に着手しました。現行の身体障害者雇用促進法に知的・精神障がい者を含めることで雇用の義務化を図ることができるのです。表面的には「身体」の二文字を削除するだけでしたが、検討には相当な時間を要し、やっと昭和六二年（一九八七）

に障害者雇用促進法として改正されました。知的障がい者が働くための制度が、ようやく少しずつ整ってきました。

〝先生〟と呼ぶ二人の公務員

加藤さんと道正さんのほかにも、私が〝先生〟と呼ぶ公務員がいます。

林直吉先生とは昭和四九年（一九七四）秋、福祉施設の整備計画書をつくるために私が長崎県庁に通っていた頃に出会いました。以来、現在まで四四年間変わらずにご指導いただきました。南高愛隣会の生みの親であり、育ての親でもあります。林先生からは、社会福祉法人の使命と期待、福祉とは、障がい者の幸せとは、専門の児童心理学・発達心理学の観点からの処遇改善の方法など、いろいろな角度から具体的な実践例を示して教えていただきました。公務員は二、三年で部署を異動しますが、私は関係なく林先生を追いかけ訪問を続けました。さすがに県障害福祉課長時代は遠慮しましたが…。

私がしようと思っていることを話すと、林先生は「ほう、面白い。やってみたら」、「少し研究してみよう」、「ダメ！　やめたほうがいいよ」、このいずれかの反応をされました。この反応が私の活動の基準になりました。私が好き放題にやっていたにもかかわらず、大きな間違いを起こさずにこれたのは、いつも的確にご判断いただいた林先生のおかげです。

中澤健先生との出会いは昭和五四年（一九七九）六月、国立秩父《ちちぶ》学園福祉専門職員養成所の研修生として一カ月間研修に行ったときです。南高愛隣会の入所施設がオープンして一年、直接処遇の難しさに頭を抱えていた私は、林直吉先生から秩父学園の研修の話を聞き、喜び勇んで出かけました。ところが、ある日の研修で地域福祉のあり方をめぐって、講師に来ていた厚生省の専門官と口論になってしまいました。研修生と講師が大喧嘩になったのは秩父学園がはじまって以来の出来事だったそうです。そこに仲裁に入ってくださったのが研修指導主任だった中澤先生でした。その後、わが国の障がい福祉の施策が入所施設中心の処遇から地域生活支援へと大きく変わる時期に、厚生省で四代の障害福祉課長を支える専門官として名補佐役を務められました。私たちが〝ふつうの場所でふつうの暮らし〟をめざし、数々のモデル事業に取り組めたのも中澤先生の指導と助言をいただけたからです。

平成五年（一九九三）中澤先生は五〇歳のとき突然厚生省を退官され、マレーシアに渡り福祉の活動をされることになりました。泣いて反対した私たちに先生は諄々《じゅんじゅん》とその心境を話してくださいました。「私は父親を知りません。終戦の年、ボルネオ島で戦死したと公報が来ましたが、遺骨も遺品もありません。さきの大戦ではアジア諸国のみなさんには、多大なご迷惑と不幸の種をたくさんまき散らし、それによりいまなお数多くの方が苦しんでおられると聞きます。元気で体力もまだあるうちに、不幸の種を刈り取る活動を現地のみなさんといっしょにしたいのです」。先生の志を理解し共感した私たち弟子一同だけではなく、日本の多くの支援者により「アジア地域福祉と交流の会」ができ、現在まで二五年を超える期間を共に歩んできました。

中澤先生から教わったいちばん大切なことは「人はみんな幸せになりたいと思っている。それをどうやって支援するか、その仕組みをどうつくりあげるかが福祉の仕事だ」という言葉です。いまなお電気も電話もないボルネオ島の奥深くで、奥さまと二人、現地人になりきってその言葉を体現されてきた先生の姿からは、あらためて福祉の意味を考えさせられます。七五歳を過ぎてもなお活動されていた先生でしたが、病気になられたのを機に、みんなで伏し拝んで日本に帰国していただくことになりました。「アジア地域福祉と交流の会」は、先生のお考えで私の息子の光浩が南高愛隣会の理事長として引き継ぎました。親子二代にわたって中澤健先生の教えを受けながら福祉の活動ができることに、ほんとうに感謝しております。

私は父を通じて、公務員とは常に世のため人のために身を焦がし、全力で仕事に取り組んでいる人たちであることを知りました。お名前をあげさせていただいた人は、私が知る真の公務員の一部です。

知的障がい者の職業能力開発

労働省とのやりとりの中で、障がい者の職業能力開発の仕組みが生まれました。

背景には、企業側からの能力開発についての強い要望もありました。障害者雇用促進法によって、これまでの身体障がい者に加え、知的障がい者の雇用も義務づけられることへの懸念でした（知的障がい者は平成一〇年、精神障がい者は平成三〇年に雇用が義務化された）。そこにはやはり企業側に「知的な障がいがある人たちは仕事ができない。働く能力がない」という強い思い込みがあったからです。それまで労働省の能力開発局には知的障がい者の能力開発についてのノウハウはなく、研究などもほとんどされないまま身体障がい者の能力開発の方法を少し変えて実施された結果、知的障がい者は単純作業しかできないと決めつけている人たちがたくさんいました。しかし、昭和五八年（一九八三）から、労働省に新設された職業安定局の障害者雇用対策室の主導で、雲仙愛隣牧場の園外実習の仕組みを活用した「重度障害者特別能力開発訓練事業」がはじまりました。この知的障がい者の職業訓練に、能力開発局ではなく職業安定局がかかわっていたことが知的障がい者の職業訓練を前進させました。

当初は雲仙愛隣牧場とコロニー雲仙更生寮の入所者を対象としていましたが、二期目からこの二つの施設の入所者だけでは二〇人の定員を集めることが難しくなりました。せっかくできた制度を頓挫《とんざ》させないために、全国から訓練生を募集する仕組みを考えました。それが昭和六二年（一九八七）に開校された第三セクター方式による職業訓練法人「長崎能力開発センター」です。知的障がい者専門の職業訓練校が、国の施設として開設されたのです。

長崎能力開発センターは二年間で一般企業への就職をめざす訓練校です。訓練プログラムには南高愛隣会のそれまでの職業訓練のノウハウを詰め込みました。「麺製造科」と「畜産科」という二つの訓練科目を設け、一般企業に近い環境での職業訓練をおこなうとともに、全寮制にして生活訓練ができるようにしました。

はじめに長崎能力開発センターでどのような人を育成したいかを考えました。雲仙愛隣牧場での取り組みで、働く能力の基本は「たくましい身体とたくましい精神力」をしっかり育むことだということはわかってきました。そうして職業的自立をしたあと、社会の中でどんな人生を歩いていくのかを考えましたが、よくイメージできませんでした。そこで自分が保護者になっ

長崎能力開発センターは知的障がいのある人のための日本で第１号の職業訓練校である。雲仙愛隣牧場に隣接する丘に開校した。長崎県、雲仙市との共同出資による第三セクター方式で設立された。一般企業に就職するための職業訓練と同時に、安定した就業生活をおくるための生活訓練をおこなっている。これまで30期584名の訓練生が卒業。一般企業への就職率は83.4％、就労継続支援Ａ型（旧・福祉工場）への就職率は13.5％（平成30年４月現在）。

ている人たちにどんな人生をおくってもらいたいかを考えました。ただ私は男性には紳士、女性には淑女のような〝立派な人間に〟になってほしいと願っていました。

しかし、知的障がいのある人たちを立派な紳士淑女に育てるのは難題でした。ふと、かつて知的障がい者の役を演じた俳優に、どんなところを工夫したのか聞いたことを思いだしました。服装はだらしなくちぐはぐで、口を半開きにし、猫背のがに股でのっそりのっそり歩く、というものでした。それならその反対をめざせばいいと思いついたときに頭に浮かんだのが、海軍士官候補生の姿でした。ボーイスカウトの訪米使節団で訪れたコロラド州のスプリングスに、米国空軍士官学校があります。ここを参考にすることにしました。仕事を交代でおこなうパトローリングシステム、移動キャンプなど、士官学校のプログラムを導入しました。長崎能力開発センターの本館と寄宿舎は士官学校の建物の一部を模して設計しています。

少し話がそれますが〝立派な人間〟になってほしいのは重度の障がいの人でもおなじです。「これはやっていい、これはやってはいけない」ということをきちんと教えず、なんでも言うがままに全部受け入れてしまうと、その人は人間としての基礎ができず、野生人のように育ってしまいます。親が「いいよ」と受け入れている時代はよいのですが、やがて親が居なくなるときがきます。そうしたら、ほんとうに悲惨なことになってしまいます。〝立派な人間に〟という視点はけっして忘れてはいけないのです。

愚かな教師になろう

長崎能力開発センターに配属された職員は、前例のない新しい施設で、手探りで訓練生の進路指導にあたりました。従来の入所施設との差別化を図るために制服や考査を取り入れ、修学旅行はディズニーランドに行きました。

あっという間に二年が経過し、一期生の卒業を間近に控えた三月、私は少し気がかりなことがあって訓練生と面談をしました。面談をすませ職員室にもどった私は、センターの職員に次のように通告しました。「南高愛隣会の理事長として言います。あなたたちの育てた長崎能力開発センターの訓練生は南高愛隣会の通勤寮やグループホームには受け入れない。いまから進路指導をやりなおせ」。職員たちは呆然とし、その理由がわからぬまま動転していました。

第一期の訓練生二〇名は全員無事に就職したのも束の間、そのうち七名がつぎつぎに離転職してしまいました。寮を飛び出して実家に帰ってしまったり、県外の企業に勧誘されて行方不明になった人もいました。しかし私には遅かれ早かれこうなることは予想できていました。

第一期生が卒業間近の頃、ドキュメンタリー映画を製作していました。ボツになったフィルムを見ていると、その中に訓練生同士の談笑が撮影されていました。「先生たちはいろいろ言うけど、あと何カ月かしたら卒業だから、卒業したら自分たちの好きなことしようでね。先生たちには、よかごと言うとけばよかと」と話している場面がありました。私はこれが彼らの本音だと気づきました。彼らには「ウェイトレス」「寿司屋」「花屋」など、それぞれなりたい好きな仕事があります。ところが、それを職員の前で話すと反対されてしまうので、仕方なく職員の言う仕事に頷いて、その場をやり過ごしていたのです。職員たちはそれが彼らの希望だと信じて彼らを指導し、企業訪問をし、ときには事前に面接の段取りまでやっていました。こういうやり方では、彼らは自分が選んでもいない、好きでもない仕事を押しつけられたと思ってしまうのです。

卒業間際の面談のとき、「みんな卒業したらどんな仕事をしたいの?」という問いかけに、彼らが口にする夢や希望を聞いて、「ああ、やっぱりな」と腑に落ちる思いがしました。彼らが卒業後勤めることになっている職業と、彼らがやりたいと思っている仕事がまったくかけ離れていたのです。この子らをなんとか就職させたい、この子らになんとか幸せになってほしいと思うあまりに、職員たちは心配でたまらずに先回りして段取りしてしまうのです。その結果、本人たちが働くうえでもっとも大事な〝希望する力〟を奪ってしまっていたのです。

第一期生からの〝不信任状〟を受け、彼らが社会に出たあと、どんな問題に直面して、どんなふうに失敗したのか、どんな原因でそうなったのか、その理由をしっかり知るために二期目から長崎能力開発センターの卒業生の追跡調査をはじめました。この調査は現在も続いています。障がいのある人の職業訓練や教育のその後を追跡した、わが国で唯一の資料です。いまでも障がい者雇用について国会で議論されるときには、かならず参照される貴重な資料になっています。

追跡調査の結果を受け、長崎能力開発センターの進路指導は大きく変わりました。「パイロットになりたい」という人がいたら、まずパイロットになる方法をいっしょに調べる。免許が必要だということがわかったら、どうすれば免許がとれるかを調べる。それが無理だとわかったら、ようやく次の仕事を考える。けっして先回りをして無理だと決めつけたり、企業に連絡をとったりしない。常識があり申し分のない〝賢い教師〟ではなく、本人の希望に寄り添い、いっしょに考えて、いっしょに悩んで、いっしょに失敗する〝愚かな教師〟になろうというのが職員の合言葉になりました。長崎能力開発センターでもまた、障がいのある人たちに、彼らが働くうえで大切なことを教わりました。

感謝を忘れると失敗する

もう一つ学んだことは〝感謝〟ということです。

長崎能力開発センターでは日々の訓練のほかにクラブ活動にも力を入れました。食べて働いて寝るという人間の基本的生活だけでは、あまりにも潤いのない人生になってしまいます。そこで彼らにとって楽しめる時間をなんとかつくりだせないかと考えたのです。カッターボート、ラグビー、ソフトボール、いろいろと試す中でたどり着いたのが和太鼓でした。そのときのメンバーが長崎能力開発センターを卒業して、就職したあとも太鼓が忘れられず、仕事が終わると集まって練習するようになりました。その演奏が評価され、一九九二年（平成四）にスペイン・バルセロナで開かれたパラリンピックに勤労障害者文化交流派遣団の一員として参加することになりました。現在、知的障がい者によるプロの和太鼓演奏集団として国内外で活躍する「瑞《ずい》宝《ほう》太鼓」の前身です。パラリンピックは大成功でした。バルセロナの街角で太鼓を叩いていたら、通りがかったスペイン国王がそれをみて感動し、急きょ閉会式で演奏することになりました。また、持参したチラシが教科書の副読本に採用されたこともあり、スペイン中で有名になりました。ところが当時の派遣団員の中で、いまも瑞宝太鼓のメンバーとして残っているのは一人しかいません。その人も、太鼓がいちばん上手だった人ではなく、むしろいちばん下手だった人です。ほかのメンバーはいつの間にか辞めてしまいました。

なぜそのようなことになったのか。わかってきたのは感謝する気持ちが育っていなかったということでした。太鼓を叩けば外国の人から褒められる。映画を撮られて、スターのように扱われる。そうやっていつの間にか舞い上がり、自分はなにをしてもいいと思ってしまい、たとえば道で通りかかった女の子に抱きついてしまうというようなことが、派遣団員に起こってしまったのです。また、きつい練習はイヤ、生活がみだれても平気、注意や指導されるのはイヤ、そんな人も出てきました。

瑞宝太鼓は長崎能力開発センターの和太鼓クラブから生まれた。写真はバルセロナパラリンピックでの演奏活動である。仕事をしながら太鼓を続けていたが、平成13年(2001)にプロ化を果たす。「希望し、努力し、感謝して生きる」をテーマに、日々の思いを太鼓の響きにのせる彼らの音楽は“天上の音色”とも評され、国内外を活躍の舞台に、いまでは年間100回を超す公演をこなしている。平成29年(2017)にはフランス・ナント市に招聘され演奏した。

それまで私たちは本人の希望を引き出し、それに向かって頑張ってきました。希望し、努力するということはやってきました。でもそれだけでは足りなかったのです。それだけでは褒められることが当たり前だと思ってしまう。そうではなくて、今日一日、自分は精いっぱい生きて、楽しい生活ができてよかったという気持ち、この感謝する気持ちがないと、頑張ってもやがては躓いてしまうのです。派遣団の失敗から、それが見えてきました。いま瑞宝太鼓が〝希望し、努力し、感謝して生きる〟を標語に掲げているのにはこのような背景がありました。ただ、人は誰でも感謝する気持ちを持ち続けることは苦手です。私も忘れて何度も失敗を繰り返してきました。ですから感謝の気持ちを持つということを教えるのはたいへん難しいことでした。雲仙愛隣牧場では毎朝、掲揚台に国旗を掲げ、みんなで「ありがとうございます」と唱和していました。この様子をみて「田島は右翼だ」と言う人もいましたが、入所者が、国民の税金を使って施設で生活していることを理解し、どうやったら感謝できるかを考えた結果でした。

こうしたことを考えてきたためか、後年、障害者自立支援法改正のときに、障がい当事者団体の「感謝は必要ない」という主張には違和感を覚えました。彼らは、「われわれは障がい者になりたくてなったわけではないから、福祉サービスにたいして感謝する必要はない。障がいのある人がサービス利用料の一割を負担する応益負担などもってのほかで、税金ですべて負担してもらうのはわれわれの権利だ」と主張していました。当事者の切実な発言だからと応援する人もいて、返す刀で私もずいぶん批判されました。しかし私はいまでも、障がいのある人も、自分ができることは自分でやる。できないことは、助けをお願いする。そしていろいろな支援を受けたら「ありがとう」と感謝する。そうやって感謝しながら、希望し、努力している人のほうが、人間としてずっと立派で幸せだと思っています。

働くことは自己表現

施設開所当時の「働く」目的は、入所施設から出て自立するためでした。企業への就職をめざし血のにじむ努力を重ねる中で見えてきたことがあります。

働くことをめぐっては、ずいぶんいろいろな批判を受けてきました。いちばん多かったのは、「障がいがあるのになぜ働かせるのか」というものです。批判する人たちには、「障がいのある人が働くことは幸せなことではない」という誤解があったのだろうと思います。

働くことをめぐる誤解は一般社会にもあるのではないでしょうか。働くことは辛いこと、苦痛なこと、あるいはお金を稼ぐだけのために労働力を売り渡すという考え方です。しかし、たとえばサラリーマンが定年になって、「もう働かなくてもいいですよ」と言われたときに、ほんとうに喜ぶでしょうか。施設を出て企業に勤めるようになった人は、自己紹介をするときにほとんどの人が「○○会社の△△です」と、自分の名前よりもさきに自分の職場の名前を言います。仕事が忙しくて「残業で体が持たんですよ」と言うときも、「明日から早出やっけん、早く寝んば」と言うときも、言葉とは裏腹にその目はいきいきと輝いています。彼らにとって職場とは、自分を一人前に扱ってくれる場所、自分を必要としてくれる場所、自分の存在価値を認めてくれる場所なのです。つまり、働くことは自分の存在感を示すものであり、誇りであり、あるいは自己表現なのです。それは障がいのある人もない人もおなじでしょう。彼らは働くことをとおして、初めて〝自ら生きる人間〟になることができるのです。働くことは、自分のできることを精一杯やって、その中でどれだけ自分を表現できるか、周りの人がそれをどれだけ評価してくれるかということですから、けっして辛く苦しいだけではありません。そういうことに気がついてから、企業に雇われる「雇用」だけではない、いろいろな働き方が生まれました。

その一つが保護的雇用です。福祉的な支援を受けながら、企業とおなじ労働関係諸法の適用を受け最低賃金以上の賃金で働くかたちです。それまでは、身体障がい者だけを対象にした「福祉工場」という制度がありました。作業能力があっても企業で働くことが困難な障がい者を雇用し、生活指導と健康管理をしながら社会生活を営むことを支援するというものでしたが、加藤孝さんの力添えで、この制度が知的障がい、精神障がいにまで対象が広がりました。南高愛隣会では昭和六三年（一九八八）に国内第二号となる福祉工場「コロニーエンタープライズ」を開設しました（福祉工場が発展したものが、現在の就労継続支援A型事業である）。

開設当初の福祉工場コロニーエンタープライズの麺製造部門の作業風景。いまでは島原地方の特産品である手延べ素麺を１日１トン（約２万食）製造している。平成８年(1996) には、障がいのある人を雇用する重度障害者多数雇用事業所「プリマルーケ」を民間企業、行政との共同出資で設立した。平成 30 年 (2018) 南高愛隣会ではコロニーエンタープライズ、グループホームへの配食サービスをおこなう「味彩花」と「ブルースカイ」、和太鼓演奏集団「瑞宝太鼓」の四つのＡ型事業所を運営している。

もう一つは援護就労です。地域の企業と園外実習の契約を結び、一般雇用や保護的雇用が難しい人が出かけていって働きます。労働の対価として企業から実習費を受けとります。企業は実習なら受け入れやすく、低賃金で労働力が確保できます。利用者も、実社会の場所（会社や農家）を借りて、その人にあった仕事を続けていくことができます。雇用されているわけでもなく、就職をめざす職場実習をしているわけでもない働き方です（援護就労は現在の就労継続支援B型事業の原型になる）。

「働くことは、たいへんなこと、きついこと、辛いこと。だから障がいのある人は働かなくてもいい」という考えや、「代わって私たちが働いて、あなたたちを養ってあげる」という考えこそ、障がいのある人の可能性を閉じ込めてしまっているのではないでしょうか。

働く力の向上と、制度改革を並行してすすめることで、「働く場」は劇的に広がりました。毎年平均八人が入所施設から地域へ出ていくようになりました。長崎能力開発センター卒業生一人に七つの事業所からの求人が殺到する売り手市場になりました。平成二年（一九九〇）には、島原市のハローワークが障がい者雇用の全国一位になりました。働く場、生活する場、支える体制が整ったことで、つぎつぎと施設を出て地域で暮らす人たちが出てきたのです。

第四章 自立できないと施設から出られない？

——地域で暮らすこと

浅野史郎さんとの出会い

昭和六二年（一九八七）一〇月八日、施設から地域への歩みを大きく前進させる出会いがありました。その年の九月下旬、厚生省から福祉工場の補助金の交付内示が届きました。申請したのに一年も音沙汰なく、ふつう補助金の内示は六月上旬にあるものなのに大幅に遅れ、九月になってやっと認可がおりたと思ったら、翌年三月までのわずか半年間で工場を建設し、四月から稼働しろというのです。あまりの無理難題に、一度は「補助金など要らない」と啖呵《たんか》をきったものの、長崎県の担当者に懇願され、礼を言うために不承不承《ふしょうぶしょう》ながら厚生省を訪れることになりました。ほんとうはお役所仕事のいい加減さに、ひと言文句を言うつもりでした。入所更生施設の国庫補助申請で訪れて以来、七年半ぶりの訪問でした。

厚生省に着くとすぐに、新任の障害福祉課長を紹介すると言われました。「こうしてなにも知らない課長が来て、なにもやらないまま異動していく。それだからこんなことになるんだ」と絶望的な気分のまま、新しい課長の席に向かいました。窓から霞が関《かすみがせき》の空を眺めているその人に、背後から「長崎の田島です」と声をかけると、彼は非常に驚いた様子で振り向きました。「えーっ。いま、その名前を聞いたばかりですよ」。それが、浅野史郎さんとの出会いでした。

浅野史郎さんは、昭和二三年（一九四八）に宮城県仙台市に生まれ、大学卒業後、厚生省に入省。障害福祉課長として、グループホームの制度化などに取り組み、障がい福祉を施設福祉から地域福祉へと方向を変えていくうえで大きな役割を果たしました。平成五年（一九九三）からは宮城県知事を三期務め、いまでも私にとって福祉の志をおなじくする同志であり、生涯の友人となりました。

障害福祉課長になったばかりの浅野さんは、前任地であった北海道の知人に「障がい福祉の〝スター〟を紹介してほしい」と尋ねたところ「長崎に田島という坂本龍馬みたいな男がいる」という情報を得、いったいどんな男だろうかと思いを巡らせていたところ、振り向いたら目の前にその本人が立っていたというわけです。

しかし、そのときの私はそんなことなどどうでもよくて、さっそく福祉工場の内示の遅れがどれだけ迷惑なことか大声で糾弾しはじめました。すると浅野さんは私を制して、「ここをどこだと思っているの。厚生省だよ。立派な役所なんだ」。私が「それがどうした」と凄《すご》んで言い返すと、彼は「役所仕事なんて、そんなものだよ」と言い、私の抗議は筋違いだと言うのです。「それより、グループホームをやらない?」と、片手にメモをひらひらさせながら唐突に切り出したのです。メモにはグループホームを制度化した場合の疑問点が箇条書きに書かれていました。

長崎県では私たちの取り組みから、生活ホームが県独自の事業としてスタートしていました。同様の試みは全国のいくつかの自治体でもはじまっていました。その一つが北海道伊達《だて》市の道立施設「太陽の園」です。私たちとおなじように入所施設から社会に出ていくことをすすめていったものの、その後どこで生活するのかということで悩んでおり、太陽の園の通勤寮寮長の小林繁市さんをはじめ職員も長崎の生活ホームの見学に訪れていました。そのとき持ち帰った資料が北海道庁で議論される中で、厚生省から出向していた浅野さんの手にわたり、彼は国全体の制度として真剣に考えなければいけないと案を練っていたところでした。日本の北の果ての北海道と西の果ての長崎県での取り組みが、奇しくも浅野史郎さんのところで重なったのです。

「えっ?」私は虚を突かれて、次の言葉が出なくなってしまいました。それまでの怒りはどこへやら、立ったままグループホームについての議論がはじまったのです。帰りの飛行機の中では、浅野課長が出した宿題の答えを必死に書いていました。不思議な役人がいるものだと思いました。それから月に三、四回、彼から〝ラブレター〟と称した葉書が届くようになりました。そこにはグループホームについての課題や疑問点が箇条書きに羅列されていて、これらについてできるだけ早く回答するよう求められました。そのやりとりからグループホームのかたちが徐々にできあがっていきました。

グループホームの誕生

地域で生きていくためには「働く場」と「生活の場」のどちらも必要です。福祉工場や能力開発センターをはじめ、働くことを支える制度がどんどん整えられていく一方で、地域の中での暮らしを支える制度は福祉ホームか通勤寮くらいしかありませんでした。南高愛隣会では、「地域で暮らしたい」という本人たちの声に応えて、生活ホームや自立訓練棟をつくっていました。それはあくまで法人独自の取り組みでした。日本のほとんどの障がい者は、人里離れた郊外で多数の障がい者だけが暮らす、入所施設という〝特別な場所での特別な暮らし〟か、在宅で家族が看るという二者択一の選択肢しかなかったのです。その施設ですら一生保護することだけが目的でした。

昭和五六年（一九八一）の国際障害者年から、日本でも「障がいのある人もない人も地域の中で暮らす」というノーマライゼーションの考え方が広まってきました。その中で、障がいのある人も街の中でふつうに暮らせることを保障すべきであるという議論が持ちあがっていました。そこで出てきたのが「グループホーム」でした。私の頭にあったのは、障がいのある人が街の中にある住宅に数人で住み、それを職員が支える生活ホームの仕組みです。〝ふつうの場所でふつうの暮らし〟に向けて、いろいろなところにこだわりました。

事業名は「精神薄弱者地域生活援助事業」。じつは、この事業のニックネームが「グループホーム」で、法令上にはグループホームという文言はどこにも出ていません。と言うのは、これまでの福祉は、まず入れ物（施設）をつくり、そこに職員とサービスを付け、そのサービスを受けたい人はこの建物に来なさいという施設中心の考え方でした。しかし、いま必要なのは施設というハードウエアを増やすことではなく、地域で暮らす障がいのある人を手助けするソフトウエアであるという考えから、施設を連想するグループホームという名前をあえて外したのです。

いわば自分たちで共同生活をしている障がいのある人たちのところへ、支援する職員（世話人）が訪問し、その職員の給料を国が支払うというイメージです。施設であれば事故が起きると管理する職員は業務上過失の罪に問われますが、自分たちで自由に住んでいるのですから、職員がいないところで事故が起こっても世話人には責任は及びません。使用する住宅にも厳格な基準を設けず、民間のアパートでも、法人が建てた住宅でも、場合によっては世話人の自宅でも住めるようにしました。

　グループホームで暮らす人たちは「入居者」という呼び方にしました。「入所者」や「利用者」という名前も候補にあがりましたが、入所者だと入所施設とおなじだし、利用者でもその家を使わせてもらうという感じが残ってしまいます。自分の家に住む、そこで生活するという強い思いを持ってほしいという理由から、「入居者」に決まりました。一軒のホームに住む人数も、三人だと揉めたときに二対一になり一人が仲間外れになるおそれがでてきますが、四人なら逃げ場があるという理由で、四人から五人を標準にしました。

　いちばん議論になったのは支援する職員の呼び方です。知的な障がいがある人たちが〝ふつうの暮らし〟をするための支援は、法律や制度をつくりさえすればうまくいくというものではありません。重要なのは地域全体が、なんらかのかたちで気配りをしてくれる仕組みをどうつくるかにかかっています。以前、福祉ホームの有明荘を街の中につくろうとしたとき反対運動が起きました。「うちには中学生の娘がおる。そんなのが近くにできたら、危なくてしょうがないか」と言って、反対運動の先頭に立ったのが近所に住む〝福田の父ちゃん〟でした。それが、朝はみんなで「おはようございます」、夕方帰ってくると「ただいま」と挨拶をしているうちに、やがて「自分の娘よりかわいい」と冗談を言えるほど変わっていき、通勤寮の双葉寮を建てるときには地域の仲介役になってくれたり、グループホームを建てる土地を提供してくれたり、いちばんの理解者になりました。

平成30年（2018）4月現在、南高愛隣会では145棟のグループホームに約400人が暮らしている。グループホームには、一軒家、アパート、マンション、バリアフリー型の住宅など、さまざまなタイプがある。そのため一人暮らしをしたい、愛する人と暮らしたい、高齢による介護の必要など、個々のライフステージにあわせて希望する暮らしが実現できる。グループホームを離れて生活している障がい者をスポットで支援する「自立生活援助事業」も南高愛隣会でのモデル事業をへて平成30年からはじまった。

（写真撮影：小山博孝）

この〝福田の父ちゃん〟みたいな、地域との架け橋になる〝おじちゃん〟〝おばちゃん〟が重要だと思っていました。これが専門職の職員が入ると、熱心な職員ほど窮屈な場をつくってしまいがちです。そうなると管理するための生活指導や訓練が日常になって、ほっと息がつける〝生活の場〟ではなくなってしまいます。そう考えて、支援する職員は資格要件を取り払い、名称も「世話人」と呼ぶことにしました。

そうして平成元年（一九八九）にグループホームが制度化されました。南高愛隣会では、一度に七棟が国のグループホーム第一号として認可されました。

地域生活の鍵は食事

街の中の暮らしをすすめていくうえで、いちばん問題になったのは食事でした。まだグループホームがなかった時代、多くの人が施設を出て生活ホームでの暮らしに挑戦しましたが、少なくない人たちが失敗していきました。その理由が「自分たちだけでは食生活がうまくできない」ことでした。

当時はコンビニなどありませんから、食事をつくるとなると、毎日がインスタントラーメンになってしまいます。そのことを私が嘆いていると、そばにいた妻から「あなたもおなじでしょう。あなたはラーメンだってつくれないじゃない。私がいないとご飯も食べられないでしょう」

と諭されました。もっともな話でぐうの音も出ませんでした。自分ができないことを指導しても無理な話です。そこで雲仙愛隣牧場の厨房でつくった食事を生活ホームに配達することにしました。ところが生活ホームが雲仙市から離れた場所に建つようになると、配達するのも難しくなり、やはり自分たちで料理をつくらなければなりませんでした。

しかし、入居者たちがつくったご飯は、極端に甘かったり辛かったり、じゃがいもの芯が残っていたりします。本人たちは一生懸命努力し、職員たちも一生懸命に教えました。でもそういう職員たちも大差ありません。食事が問題となっていたときに、職員採用試験でおかず五品を何分以内につくれという実技試験をおこないましたが、短大・大学卒業者は男女を問わずほとんどが不合格でした。心理学がどうとか障がい福祉がどうあるべきかは答えられるのですが、料理となるともうお手上げで、そもそも自分で料理をつくったことなどない人ばかりなのです。

日々の暮らしの中で「食べる」ことは大きな楽しみです。逆に、食生活の乱れはすべてに影響を及ぼします。私は食事だけはおいしいものを出したいという信念がありました。でも施設を出ると、念願の地域生活が実現できたのに、食事は満腹感を満たすだけの貧弱なものになってしまいます。食事づくりにほとんどの時間を費やし、帰って食事をつくって寝るだけの生活が豊かな生活といえるのか？　料理ができる人しか地域で暮らせなくなってしまうのか？　どんどん疑問が膨らんでいきました。

そこで、グループホームのスタートと同時に、コロニーエンタープライズに「給食センター」

街中の暮らしをすすめるうえで直面した問題は、就職できるかどうかよりも、じつは食生活の問題だった。その問題をクリアしたのが宅配給食サービスだった。この仕組みによって「満腹感だけの食事から満足感のある食事へ」を実現することができた。給食部門が独立し、平成11年(1999)に福祉工場「味彩花」、平成13年に福祉工場「ブルースカイ」が開設された(現在は就労継続支援A型事業所として運営)。

(写真撮影:小山博孝)

を開設し、宅配給食をはじめました。栄養士によって栄養管理がされた半調理の食事をグループホームで暮らす人のもとへ宅配します。宅配されたものを温めて盛りつけるだけで、おいしい食事が食べられるというシステムです。このシステムによって、いくつもの利点が生まれました。いちばんは、世話人が〝飯《めし》炊《た》きおばちゃん〟にならずにすんだことです。全国のグループホームでもっとも苦戦したのが、やはり食事でした。世話人の八時間の勤務時間の内訳を調べてみると、六時間五〇分が朝夕の食事の買い出し、調理、後片付けなど食事に関する仕事だったという調査結果があります。南高愛隣会では給食センターをつくったことにより、世話人が食事にかかわる時間が大幅に減ったことで、入居者の相談にのったり地域とのパイプ役となる、ほんらいの業務に時間を割けるようになりました。本人たちにとっても、炊飯器でご飯が炊けて汁物を温めることができれば、生活の質を落とすことなく、地域の中で暮らせるようになります。さらに宅配給食を提供する福祉工場で働く障がいのある人の職場も確保できます。一石三鳥の仕組みです。

南高愛隣会が全国に先駆けてグループホームをつくることができ、いまでも一四五棟（平成三〇年四月現在）ものホームを運営できている秘密は、この宅配給食にあります。グループホームと給食センターにより、地域の中で暮らすハードルがぐんと下がり〝ふつうの場所でふつうの暮らし〟をする人が増えていきました。

そして重度の障がい者が残った

つぎつぎと入所施設から地域に移っていく人がいる一方で、相変わらず地域に出ることができず施設に残っている人たちがいました。障がいの重い人や重複障がいがある人、高齢の人たちです。五年以上施設にいる人は「長期滞留者」と呼ばれ、なかには開設時に入所して一〇年たってもまだ施設で生活し続けている人もいました。

いちばんの理由はやはりお金でした。当時の障害福祉年金は、月額一万数千円から二万円の小遣い程度しかなく、それで地域に出て暮らすのはもともと無理な話でした。だから私たちは企業などに雇用してもらい、最低賃金をクリアする給料をもらえることをめざし、「それ頑張れ、努力しろ、企業に雇用されないと施設から出られないぞ」と言い続けたのです。これは確かに、障がいの程度が中軽度の人たちには有効でした。しかし、障がいの重い人たちには通用しません。グループホームで入居者の条件として「就労していること」が決められていましたが、それにはこういう事情もあったのです。

それでも私たちは諦めませんでした。地域に出るための経済保障がなんとかできないかと、さまざまな試みをおこないました。たとえば小動物を飼育する仕事はどうかと養鶏の採卵に取り組みました。またビニールハウスを建てて豚を飼い、床におがくずを敷いて発酵菌をとり入れ、糞かきを簡単にできるようにして、餌やりの仕事だけで豚を育てて収益を上げ、給料を得ることはできないかやってみました。高齢の人たちは、より付加価値の高い仕事で収益を得られないかと卵油の製造もしてみました。しかし、結局それらのチャレンジは暗礁に乗り上げてしまいました。年々、長期滞留者は増えていき、一〇〇名の入所者のうち六割近くになっていました。重い障がいのある長期滞留の人たちにどう対処してくのかという課題が、いよいよ目の前に迫ってきたのです。

女性職員たちの抗議

ある日、通勤寮の事務室でぼんやり外を眺めていると、二人の女性職員が箒《ほうき》を持って、まるでお祓《はら》いのような仕草でなにやら喚いている姿が見えました。なにをしているんだろうと怪訝に思っていたら、なんと彼女たちはデモをしていたのです。よくよく耳を傾けたら、「私の家族だったら、南高愛隣会には絶対に入れないぞ。絶対にこんな施設には預けない。なんだ、この処遇は！」と叫んでいるのです。彼女たちは、どうも私にたいして抗議をしているようでした。二人を呼んで理由を聞いてみると、「いまやっていることは、もともと力があっていろんなことができる人たちを対象にしている。そういう人は社会に出て、通勤寮にも住めるかもしれない。でも障がいの重い人たちが大勢いるじゃないか。その人たちは、いったい、いつになったら施設を出られるのか」というようなことを口々に訴えるのです。

ふと私は、この職員が学生のときに研修に来ていたときのことを思い出しました。彼女から、障がい者が社会に出ていくためにはどんな方法があるのか尋ねられたとき、私は確実な方法は一つしかないと答えました。「それは棺桶に入るしかない」。生涯、施設から出ることができない障がい者の現実を、厳しい例えでそう説明したのです。でも彼女たちが訴えるように、障がいの重い人たちの現実は、当時もいまも少しも変わっていませんでした。そういえば、あの子も、そしてあの子も、ここに来てもう何年たっただろう。入所者一人ひとりの顔が浮かんできました。でも正直、私自身どうしたらよいかわからなかったのです。だから苦し紛れに「人にいう前に自分で考えろ。君たちは専門職だろう」と捨て台詞を吐くしかありませんでした。そこで彼女たちが持ってきたのが、軽度の人たちが地域に出るために使う自立訓練棟で、重度高齢の人たちにもおなじような生活を味あわせてあげたいという案でした。私は「じゃあ、やれ」の一言で任せるしかありませんでした。

やすらぎの「あかつき荘」

この新しい取り組みのために厚生省の研究事業を受託し、重度・高齢の人たちと職員がいっしょに住み込んで生活する方法を研究することにしました。住み込む職員には、提案者の松村真美さんを指名しました。こうして昭和六〇年（一九八五）一一月一〇日、自立訓練棟「あかつき荘」での生活がはじまりました。松村さんは、のちに〝グループホームの母〟と呼ばれるようになりました。いちばん近くで彼らをみてきた松村さんは、当時のことを次のように話していました。

最初のメンバーはいちばん高齢だったおじいさんとおばあさん、そして日常生活に手厚いケアが必要な人など五名を選びました。とくに中村一誠さんは内臓疾患、言語障がいなどいくつもの重い障がいを抱えていました。胃腸が悪く、ふつうの食事では下痢をしてしまいます。そのため彼の食事だけ胃に負担のかからない刻み食が提供されていました。でも彼は食事の時間になると「みんなとおなじものが食べたい！」と、きまってかんしゃくを起こしていました。空気を飲み込む空気嚥下症《えんげ》も患っており、食事を待つあいだに空気を飲み込んでしまうためお腹がふくれて、起床時には八〇センチメートルだった腹囲が、食事の一時間前には一メートルにもなってしまうこともありました。そのため身体はガリガリに痩せているのに、お腹だけがふくれて栄養失調児のような体形になっていました。なんとか治せないものかと、いくつもの病院を当たりましたが原因不明で治療法もわかりません。医師には「あと半年の命」と告げられていました。それならせめて自由に、笑って暮らす場に招待したいと考えて一誠さんをメンバーに選びました。

「今日からあかつき荘で生活をします」と告げると、五人はきょとんとした表情でしたが、すぐに目を輝かせました。「さぁ、荷物を運びましょう」と言うと、走って布団を運びはじめました。その姿は、やっと自分の番が来たという喜びにあふれていました。

夕食の片づけが終わり、炬燵《こたつ》に目をやると、誠一さんがよだれを垂らしながら、安心しきって寝入っている姿が目に入りました。それはまさにやすらぎでした。

施設では五〇名の入所者がいっしょに暮らしています。気の合わない人も出てくるでしょ

重度・高齢者が少人数で暮らす試みが自立訓練棟「あすなろ荘」ではじまった。左端に写っているのがグループホームの母となった松村真美さん。鉄筋コンクリートの建物での集団生活から、木造の家で少人数での暮らしに移ったことで、より手厚くケアが行き届くようになり、彼らはみるみる変わっていった。この自立訓練棟の取り組みは、宮城県の船形コロニーの地域移行にも応用された。

う。宿直に入る三人の職員は、ご飯を食べさせたり、風呂に入れたり、薬を飲ませたりという日課に追われています。そこにはやすらぎなどありません。ところがここにはそれがある。このような小舎での生活にこそ、ほんとうの暮らしの豊かさがあると思いました。

それを裏付けるように、五人の様子は日に日に変化していきました。なにを試しても治らなかったのが嘘のように、一誠さんの体調はどんどんよくなっていきました。空気嚥下症のための病院受診の間隔は二週間に延び、さらに一カ月に延び、やがて半年になりました。ほんの数語かしか喋れなかったのに口数が増え、仲間を呼ぶ「いっちん」「おーい、ちゃーん」、風呂に入ってご機嫌なときの「ハハーン」など、どんどん語彙が増えてきたのです。残り半年と言われた余命が、あれから三五年もたち、いまもお母さんのいる故郷の佐世保市で元気に暮らしています。

松村さんはあかつき荘に住み込んだその日に、めざすべき方向性を確信したといいます。あかつき荘での試みを口火に、重度・高齢の人たちの施設脱出作戦がはじまりました。能力の高い人たちの訓練の場だった自立訓練棟は、重度・高齢の人たちの生活の場としての役目も加わりました。彼らは、入所施設に籍を置いたまま、生活の場をおなじ敷地内の自立訓練棟に移し、数人の仲間で住み込みの職員といっしょに暮らす生活がはじまりました。

障害基礎年金の創設

この流れを後押しする制度改革がおこなわれました。障害基礎年金の創設です。年金とは老齢になったときや、万一事故で障がいを負ったり、一家の大黒柱が亡くなったときに一定の給付金が支給される制度です。通常、年金は一定期間以上の保険料納付を条件に支給されます。しかし経済的に恵まれない、たとえば障がい者や母子世帯など保険料納付が困難な人にも年金を支給する無拠出年金という仕組みがあります。

障がい者にたいしては昭和三四年（一九五九）の国民皆年金制度のスタートと同時に、無拠出制の障害福祉年金が創設され、昭和四〇年からは知的障がい者も対象になっていました。ただし月額一万数千円から二万円ほどで、それをあてに生活するにはほど遠いものでした。その後、労働者や公務員などバラバラに分かれていた年金を統合し、全国民を対象にした国民年金の構想が持ち上がりました。国民年金では全員に基礎年金を支給することが検討されていました。そこで障がい者への年金支給が議論されるようになったのです。議論はそもそも障がい者を日本国民と認めるか否か、からはじまりました。認めることになれば日本国民は国民年金に入るわけですから、障がいがある人もその中に含まれます。そうなると障がい者への給付金は、これまで全額を国の財源から出していた障害福祉年金から、国民が納めた国民年金の中から支給されることになります。知的障がい者は発達期の障がいであるため、二十歳になると同時に年金が支給されるのです。保険料を一円も払っていない人にいきなり支給するのは、国民感情として違和感があるのではないかと、国会でも紛糾しました。しかし、障害福祉年金の引き上げは、知的障がい者の自立には不可欠でした。全国手をつなぐ育成会は、仲野先生を筆頭に必死に国会議員へ陳情にまわりました。私は仲野先生の鞄持ちになって、いろいろなところに同行しました。どこの省庁も仲野先生が訪ねると局長が丁寧に応対してくれ、先生への信望は厚いものでした。よく訪ねたのは福田赳夫首相の官邸でした。福田首相は、仲野先生が日本軍の大本営作戦課長のときに大蔵省陸軍担当主計官として太平洋戦争終結に向けた活動をした間柄で、二人は生涯親友でした。よく官邸の裏口から出入りして朝食を共にしていました。また当時、年金局の課長補佐だった浅野史郎さんも障がい者サイドに立って尽力されたことを後で知りました。

そして昭和六〇年（一九八五）四月、中曽根康弘首相が、「わが国は豊かな国になってきた。豊かな国民が、経済的に困窮している精神薄弱の人についても支援をするというメッセージを送ろう」と言って「国民年金法」の改正が実現したのです。国民からのプレゼントでした。障害基礎年金が創設され、それまで月額一万数千円から二万円だった支給額は約六万円へと大幅に上がり、社会生活を営むに足る年金がもらえるようになりました。障害基礎年金の創設は、私たちの支援を一変させました。基礎年金とその不足を補えるだけの収入があれば、施設を出て街の中のグループホームで暮らすことができるようになったのです。施設を出るハードルがぐんと低くなりました。重度・高齢の障がい者でも、自分がもらった年金から資金を出しあって自立訓練棟を建築し、施設から第一歩を踏み出すことができたのです。

故郷型自立訓練棟

自立訓練棟がつぎつぎに建てられ、バリアフリー型やワンルームマンション型など種類も充実していきました。バリアフリー型の「緑ヶ丘住宅」は愛知工業大学と東京消防庁の協力で建築された燃えにくい構造の住宅です。余談ですが、厚生大臣になる前の菅直人さんが緑ヶ丘住宅に視察に来たことがありました。そのときこの住宅がとても気に入ったらしく、厚生大臣に就任した当時、議論になっていた高齢者の住宅に「グループホーム」という名称をそのまま使ってしまいました。いまでは「グループホーム」と聞くと高齢者施設を思い浮かべる人が多いと思いますが、そのルーツは緑ヶ丘住宅にあるのです。

入所施設での集団生活から解放され、手厚いケアを受けながらの自立訓練棟での生活に、本人たちはとても幸せそうでした。でも私たちは満足していませんでした。施設から脱出できたといっても、自立訓練棟があるのはあくまで施設の敷地内で、本人たちが願う〝お家〟ではなかったからです。

そこで考えだしたのが「故郷《ふるさと》型自立訓練棟」です。これまでの、「課題を達成し、措置を解除しても生活ができるようになったら、施設を出て自宅や故郷に帰ることができる」という〝積み上げ式〟のやり方を一八〇度転換して、「措置はそのままで、自立訓練棟を故郷に近いところに持っていき、そこで自立をめざした援助や指導を受ける」という方法を考えたのです。最初の故郷型自立訓練棟は、入所施設のある雲仙市に隣接する島原市と決めました。生活を移すということは日中活動も移さなければならないので、施設で長年取り組んできた養鶏の仕事を手がかりに、島原市にある養鶏場を探し、グループで援護就労ができるようにしました。

不安だったのは、万一の事があったときのことです。火事、てんかんの重積状態、交通事故などの危機に瀕したときに、施設から車で四〇分もかかる場所のバックアップができるのだろうかということでした。しかし、ホーム周辺の地域を調べてみると、たくさんの資源があることに気づきました。病院や診療所、それから警察署や消防署が、ヘルプコールをすればすぐ駆けつけてもらえる範囲にあります。また本人の家族や育成会のお母さんたちも近くにいます。

一方、いまいる入所施設を振り返ってみると、国道から離れた山中にあるため救急車や消防車が到着するのに一五分もかかってしまいます。私たちはいつの間にか施設やその周辺の自立訓練棟がいちばん安心だと思い込んでしまっていたのです。

「グループホーム」という言葉のルーツとなった自立訓練棟「緑ヶ丘住宅」。平成2年（1990）に建てられた木造平屋建ての瀟洒な住宅である。個室（6畳、押入付き）が6部屋、8畳の居間には10人ほどが座ることのできる掘り炬燵がある重度・高齢者向けのバリアフリー型住宅である。入居する者が自ら年金を出し合う「特定出資制度」で建設された。

グループホームの制度化をすすめた浅野史郎さんは、地域を〝海〟、グループホームをそこに浮かべる〝浮き袋〟と表現しています。病院や警察所などの社会資源も〝浮き袋〟の一つです。それだけではありません。私たちはサポーターという仕組みを考えました。職員や世話人だけではなく、地域の人たちにいろいろなかたちで手伝ってもらうのです。サポーターは赤ちゃんでもよいのですが「三歳以上、上は無制限」という条件にしました。たとえば「おはよう」「元気だった?」「今日も頑張って仕事したよね」などと声をかけてくれるだけでかまわないのです。一つのグループホームに一五人から三〇人ほどのサポーターが集まれば、生活はずいぶん違っ

重い障がいをもった人が求める愛する人はまず母親だった。「いつでも会える場所で暮らしたい」という願いを叶える試みは故郷型自立訓練棟ではじまった。生まれ育った故郷に帰す地域移行で、家族はいつでも会いにくることができるようになった。(写真上)

地域の暮らしは地域のサポーターが支えてくれる。世話人とサポーターの井戸端会議が、地域生活の鍵になっている。(写真下)

てきます。

こうしてはじまった故郷島原での暮らしは、職員の心配をよそに案外快適で安全なものでした。そして大村市、諫早市、佐世保市へと、故郷型自立訓練棟が開設されていきました。

自立できなくても地域で暮らせる

故郷型自立訓練棟の成功でいろいろなものが変わりました。

まず、専門職の役割が変わりました。それまで施設の職員は入所者への直接的な指導や介護という仕事が多かったのですが、地域に出るとその実務はほとんどサポーターがしてくれます。専門職は、障がいのある人と、サポーターをはじめとする地域の人とをつなぐコーディネートが主な業務になりました。

次に、働くかたちも変わりました。これまでは重度・高齢の人も、最終的には生活費を稼いで経済的自立を果たすことが目的でしたが、障害基礎年金や自立訓練棟ができたことで、新しい働くかたちができました。福祉的就労という、お金を稼ぐことを目的とせず、働くことで生まれる自信や誇り、可能性を大切にする働き方です。雲仙市ではじめた乗馬クラブでは、引き馬やブラッシング、乗馬で使ったタオルの洗濯、牧草の運搬など、最重度の人や強度行動障がいの人たちに、いろいろな作業を分担してもらいました。馬の世話が得意だったり、引き馬が

福祉的就労の大きな柱が障がい者乗馬である。乗馬は姿勢やバランス感覚が改善され、アニマルセラピーの効果もある。楽しくリハビリできることから、浅野史郎さんによって「ウーマライゼーション」と名付けられた。

昭和63年（1988）に、林田善一さんの提案からはじまり、現在は長崎県内3カ所で実施している。

上手だったり、タオルたたみができたり、これまでに見つけられなかった重度・高齢の人のいろいろな可能性が見えてきました。

もっとも大きく変わったのは私たちがめざす方向です。それまでは地域で暮らすために必要な「○○ができるようになる」という目標を決め、本人も職員も必死になって取り組んできました。ところが故郷型自立訓練棟では、障がいがあるためにできないことや苦手なところを支える仕組みをつくりさえすれば、地域に出ていけることがわかってきました。大事なのは地域で支える仕組みなのです。そうなると、むしろ最初から地域の〝ふつうの場所〟で訓練をしたほうがよいのではないかと気づきました。温室の中で育てられた植物が、温室の中で花を咲かせても、外の寒風に晒《さら》されるとすぐに枯《か》れてしまうように、施設の中での想定された訓練科目よりも、最終的なゴールである地域の企業で実習したほうが実践的な訓練ができます。それに、本人たちの意欲もまったく違ってきます。牛を飼っている農家に実習に行っていた本人たちに、施設と農家のどちらに行きたいかと尋ねたら、全員が「外に行きたい」と答えました。彼らは牛や鶏、豚が好きだということに加えて、実習先の農家まで通っていくとか、みんなとおなじように弁当を持って出かけることのほうが嬉しいことだったのです。それに気づいてから、施設の中のいろいろな訓練科目を整理統合していきました。最盛期には三〇〇頭を超える牛、五〇〇頭を超える豚、八〇〇〇羽を超える鶏がいましたが、これらをどんどん縮小し、ついには平成四年（一九九二）に養豚科を閉鎖し、かわりに地域の養豚団地や企業での実習を柱としたプログラムに変更しました。

それまで私たちは、ふつうの場所より福祉施設という保護された場所のほうが幸せになれると思い込んでいました。しかし、じつは彼らの伸びる芽を摘んでいたのかもしれません。ですから重度・高齢の人も施設から地域に出ていくようになると、修了式のとき「長く待たせてごめんなさい」とお詫びをして送り出すようになりました。

社会の受け皿のシステムが変わっていけば、それに合わせて施設から社会へ送り出す仕組みも変わっていきます。まさしく、社会が変わると施設も変わるのです。施設の中は昼も夜も人影が少なくなり、とうとう平成九年（一九九七）には雲仙愛隣牧場は使われなくなりました。

地域をほぐす

ただし、街の中の暮らしは安全なことだけではありません。地域に出てみると、施設の中では考えもしなかったいろいろな出来事が起こりました。

ある人は、昔いっしょに施設にいた〝友だち〟という人と食事に出かけたら、なにもわからないまま三軒のサラ金と借金の申込み契約をさせられてしまいました。またある人は、「すごくもてた」とニコニコと自慢げに帰ってきましたが、その日もらったはずの給料は一円も残っていませんでした。「それだけあればたくさん飲めるよ」と、優しいお姉さんが飲ませてくれたのです。女性の場合はさらに深刻でした。職場や通勤中、休みの日に〝ナンパ〟され、望まぬ妊娠をしたり、なかにはヤクザに香港へ売り飛ばされた女性までいました。知的な障がいがある人たちにとって地域で生活することは、ある意味危険なジャングルの中にいるようなものです。ただ「頑張りなさいね」と言うだけでうまくいくわけではないのです。

また地域の人全員がサポーターのように親切だったわけではありません。平成元年（一九八九）グループホームの建設をすすめていた雲仙市の予定地に、ある朝突然に「建設反対」の看板が立てられました。「コロニーの住宅建築反対」や「子どもの通学路に建てるな」という厳しいスローガンの看板でした。そのグループホームに入る予定の人たちといっしょに、看板を立てた住民に直接話を聞きに行きました。「どうして私たちは子どもの通学路に住めないんですか？」「どうしてこのグループホームは反対されるんですか？」などと、いろいろ質問しましたが、住民は「障がいのある人が地域の中で暮らすのはいいことだ。しかし、うちの隣に来てもらっては困る」という建前論に終始しました。結局、本人たちが「嫌われている所には住みたくない」と言い出したので、そこでの建設は中止してほかの場所に建設することになりました。地域との軋轢《あつれき》は島原市や長崎市など、ほかの地区でも起こっています。

こうした危機や軋轢を乗り越えて街の中で楽しく暮らせるために、サポーターのほかにもいろいろな〝浮き袋〟をつくりました。その一つが「地域サービスセンター」です。グループホームのバックアップ機能を拡大し、在宅者や施設を出た人のアフターケアをおこなうセンターを県南地区（雲仙市）と県央地区（諫早市）に設けました。

もう一つの〝浮き袋〟は本人たちです。本人が引き起こしてしまう地域とのトラブルもあります。

雲仙愛隣牧場では実習費を支給していたので、日曜日になると島原市のスーパーにみんなで買い物に出かけていました。重度障がいと強度行動障がいが重複した人の中には、買い物に行くのがうれしくてピョンピョン跳ねて、菓子や果物の陳列棚に衝突する人が出てきました。ブドウやナシやお菓子が散らばってしまいます。何回もおなじことを繰り返すので、しまいにスーパーの人から「もう来てくれるな」と叱られました。そう言われても私はひるまずに連れて行きました。「私たちはお得意さんなんですよ。だめになった商品は全部買いとっているじゃないですか。それがいやなら店を閉めてください」。こう言って訪問を繰り返すうちに、店側もだんだんと協力してくれるようになりました。スーパーへの訪問が一五回を過ぎる頃から、本人たちも環境に慣れてきたのか落ち着いて買い物ができるようになったのです。周囲の人や警察、商店などに迷惑をかけてはいけないと考えると、いつまでたってもなにもできません。社会も変わりません。「社会のみなさんにできるだけ迷惑をかけるようにしよう。それによって社会を変えていこう」。そう言って障がいのある人を隠すことなく、どんどん地域の中に出していきました。

また、街の中で暮らしていく中で、さまざまなかたちで躓く人が出てきました。その人たちに共通していたのが、「自由な時間をうまく使えない」「街の中で孤立してしまう」ということでした。もともと余暇を有意義に過ごしたり、仲間や地域とうまく交わったりするのが苦手な人たちです。休みの日になにをしていいのか、近所の人とどう接していいのかわからず、あげくのはてに〝甘い罠〟にかかってしまったり、まわりから誤解を受けるような変な行動をとってしまうのです。余暇の時間をうまく使えるかどうかで暮らしの安定度がまったく違ってきます。「余暇活動支援」は、最初は職員がおこなっていましたが、平成元年（一九八九）に当事者

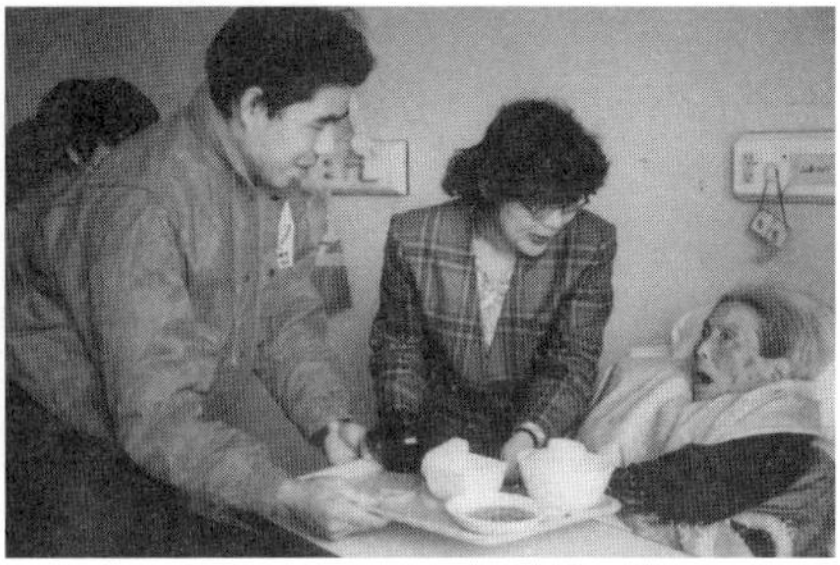

心身障害者ふれあい協会は、入所施設を修了し街の中で暮らす障がいのある人たちによって運営された。背景には一人の社会人としてしっかりと自己主張や権利の自覚ができるようにという願いがあった。働く知的障がい者によるユニオンとしては日本初になる。写真はグループホーム建設反対にたいして立看板で意見表明したときのものである。下は設立総会と老人ホームでのボランティア活動。

団体「心身障害者ふれあい協会」を立ち上げたことで、自分たちの手でおこなうようになりました。週に一回みんなで集まって、陸上やサッカーなどのクラブ活動を楽しみ、ゴミ拾いや公園清掃のボランティアもおこないます。こういう活動を地道に重ねていく中で、雲仙愛隣牧場開設当初のあいさつ運動が地域を変えたように、頑なだった地域の雰囲気がどんどんほぐされていきました。地域の人たちの彼らを見る眼も変わっていき、町営グラウンドのトイレ管理を委託されたり、花植え活動を協働でおこなうようになりました。また、困ったときに障がいのある者同士をつなぐ「相談ダイヤル」の設置や、障がいの軽い人が重い人のホームに手伝いに入る「ピア・カウンセリング」といった、互いに支える仕組みを自分たちでつくっていきました。ふれあい協会は平成一七年に「NPOふれあいネットワーク・ピア」となりました。全国で初めての障がいのある者による社会福祉事業グループホームを運営しています。

こうして障がいのある人たちの暮らしは、長崎県下全域に広がっていきました。

これからのグループホーム

いま南高愛隣会では、グループホームが一四五棟に広がりました。全国でもグループホームの利用者は約一三万人にのぼり、平成三一年（二〇一九）には入所施設の利用者と逆転する見通しです。これからのグループホームのために、考えなくてはならない点があります。

一つは世話人の役割です。グループホームでの暮らしは、世話人の支えなくしては成り立ちません。ただ、熱心な世話人ほど支援の量を増やしてしまう傾向があります。一見、美徳に見えるのですが、じつは本人たちの自立を阻害してしまいます。それに気づいて、世話人に「手を引け」「本人にやらせろ」と言いますが、なかなか納得してもらえません。自分たちでできることは自分たちでしてもらう。どうしてもできないこと、判断に迷うことだけを支援していく。そうすることで自立度を少しずつ高めていき、自立度が高まったらさらに支援を引く。そうしないといつまでたっても「自ら生きる人間」にはなれません。

もう一つは、グループホームはけっして終着駅ではないということです。自立訓練棟緑ヶ丘住宅が建てられたとき、家族の人から「どうぞ一生この住宅で暮らせるよう、お願いします」と言葉をかけられました。どこかで聞いた言葉でした。家族がわが子を入所施設に預けるときとおなじ言葉です。グループホームは入所施設での暮らしとくらべると〝ふつうの暮らし〟により近いことは確かです。しかし、本人たちが求めることは、自宅での暮らし、一人暮らし、愛する人との暮らしと常に変化していきます。グループホームはあくまで通過駅のはずです。そう考えて南高愛隣会では平成一五年（二〇〇三）にグループホームを三人以下にする「グループホーム解体宣言」をおこないました。グループホームに満足することなく、よりふつうの、よりよい暮らしを追求してほしいからです。

思いがけない転換点

平成五年（一九九三）九月二八日、宮城県知事が収賄容疑で逮捕されました。このニュースを、怒りにふるえながら聞いていた人がいます。厚生省生活衛生局の企画課長だった浅野史郎さんです。厚生省での出会い以来、グループホームの制度化、浅野課長の号令で開催される月一回の「障害者の人権問題懇談会」を重ねる中で、浅野さんと私は、障がい者の権利擁護活動に取り組んでいた弁護士の長谷川泰造さんを加えて〝団子三兄弟〟と呼ばれる間柄になっていました。その三男坊にあたる浅野さんから、「故郷の誇りが汚された。恥ずかしくて、全国の仲間に顔向けができない」と、自身の宮城県知事選への出馬について相談を受けました。

かねてから浅野さんは「障害福祉は国づくり」と主張していました。「もっとも生きる力が弱い人にとって住みやすいところは、すべての人にとっても住みやすい。そういう社会をつくるべきだ」という考えです。私は首長であればこそ、それを実現できると思っていたので、「ぜひ出るべきだ」と後押ししました。選挙まで時間がなく、すでに各政党が推薦する候補者の名前も取りざたされていました。浅野さんの心は揺れ、出馬する、出馬しない、と毎日のように電話でやりとりをしていましたが、そのたびに話が変わっていました。私は一日だけ仙台に行き、独自で民意の調査をしました。タクシーを乗り継ぎ、そのたび運転手に知事選について質問するのです。合計一一台のタクシーを利用しましたが、一一人すべてが「知事選には行かない」と言いました。逮捕された知事の副知事を候補者にかつぐ動きにたいして県民の多くが怒りを覚えていたのです。「出れば勝てる。県民の怒りはほんものだ」。逡巡する浅野さんに伝えたこの言葉が出馬を決意する要因になったようです。若い頃、政治家の秘書をしていた私は、政治的な自分の嗅覚には自信を持っていました。

その年の一一月一日に、浅野さんは厚生省に辞表を出しました。私も南高愛隣会、長崎能力開発センターの理事長の休職届を提出し、二カ月間にわたって東京と宮城に滞在しました。浅野さんが当選するかどうかは、宮城県だけの問題ではなく日本が変わるかどうかの岐路だという思いでした。時間がない、知名度がない、組織がない、金がないという〝ないない尽くし〟ではじまった選挙でした。浅野さんの母校仙台二高の同級生会、全国の福祉関係者の獅子奮迅《ししふんじん》の活躍もあり、一一月一二日、二九万票対二〇万票という予想以上の大差をつけて宮城県知事に当選しました。選挙の開票速報はホテルの浅野さん夫妻の部屋で見ていました。当選確実のテロップが出たとき浅野さんの顔がぐっと引き締まり、それまでの〝史郎ちゃん〟ではなく、みるみるうちに宮城県知事の顔に変わっていきました。選挙事務所に出ていくときに、浅野さんは私もいっしょに行って万歳しようと言ってくれたのですが、私は「よそ者の選挙参謀がみなさんの前に顔をさらすものではない」との思いから「行かない」と言い、選挙期間をとおして初めて口論になりました。結局、私はホテルに残り、テレビで夫妻の晴れ姿を一人で見ていました。

浅野さんは平成一七年（二〇〇五）一一月まで、三期一二年にわたって宮城県知事を務めることになりました。

あなたたちの施設は三〇点だ

浅野史郎さんは選挙公約の一つに「宮城県を福祉日本一に」を掲げていました。私は浅野さんの強い要請を受け、平成八年（一九九六）に長崎県を離れ、その公約実現を手伝うことになりました。浅野さんからは私の母宛に「息子様、お預かり申し上げます」と色紙に書いた大仰な借用書が送られてきました。当然妻もいっしょに仙台に行くと思っていたのですが、私たちが保護者を務める子どもたちの「お父さんはいなくてもいいけど、お母さんがいなくなるのはいやだ」という猛反対にあい、妻は雲仙に残ることになりました。私は祖母から譲り受けた名刀大和守吉道だけを携えて単身宮城県に乗り込みました。その後、妻には私の看病のためと拝み倒して仙台に来てもらいました。

私に与えられたのは三年間の期間限定で、宮城県福祉事業団の副理事長の職でした。福祉事業団というのは、県立の福祉施設と関連の各種施設を運営している公設の機関です。保育所や特別養護老人ホームなど乳幼児から大人までの施設、救護施設や売春防止法にもとづく婦人保

厚生省の課長だった浅野史郎さんが宮城県知事選挙に立候補するかどうか迷っていたとき、私は「やらない理由が百あっても、やる理由が一つでもあったらやるというのが、史郎さんの口癖だったじゃないか」と言って背中を押した。そう言ってしまった責任もあって、また「障害福祉は国づくり、それにかかわるわれわれは国士である。これは世直しである」という彼の言葉にほだされて、私は知事になった浅野さんのもとで10年のあいだ宮城県で頑張った。

護施設、婦人保護相談所など全部で四八施設を抱え、職員数も二〇〇〇人を超える大所帯でした。

四月一日に辞令をいただいたあと、さっそく施設を回ってみました。まず、重度の知的障がい者の入所施設「船形コロニー」を訪ねました。私は案内してくれた総合施設長に「入所者五〇〇人のうち、去年一年間でこの施設から何人出て行きましたか？」と聞きました。すぐに調べてくれて、「八名出ました」と答えました。さらに「その八名はどんなふうに社会に出たのですか？」と尋ねると「全員死亡です」と。彼らは平均して二三年ほど入所していました。それで私は「亡くなった八人にたいして、あなたたちはなんとお詫びを言ったんですか？」と問うたのです。するとその場にいたほとんどの施設長が怪訝な顔をしました。そして総合施設長は「なぜお詫びを言うんでしょうか？　家族からお礼を言われることはあっても、私たちからお詫びを言うことはありません」と憮然と答えました。

次に特別養護老人ホーム「敬風園」に行きました。七六億円をかけた立派な建物で、建物から外に出るときは暗証番号を押さないと出られないようなセキュリティー設備も整っています。大きなガラス窓がつづく廊下には、春の陽光が燦々《さんさん》と差し込んで何人ものお年寄りがくつろいでいました。そのうちの一人が机をずっと叩いていることに気づきました。南高愛隣会では瑞宝太鼓の人たちがそうやって太鼓の練習をしていたので、思わずその人に「太鼓の練習ですか？」と聞いたら、「違う」と、「外に出たい」と言うのです。春の陽が輝くとてもよい日なのに、出られないことが不満で机を叩いていたのです。なんだこれは、と唖然としました。

当時は介護保険法の成立に向けて、新しい福祉の仕組みを議論していた最中でした。障がい福祉の分野でも、地域生活を支える仕組みや方法は相当できあがったと思っていました。ところが、「日本一の福祉県」を掲げる浅野知事のおひざ元の福祉事業団ですらこの状況であることから、新しい、ほんものの福祉を利用できている人たちは、まだ少数であると気づかされたのです。

私は施設長たちに「あなたたちのやっている仕事は三〇点です。これからもそういうやり方でやっていこうと思っているなら、そういう人は事業団には必要ありません」と伝えました。それは「自分の仕事に自信と誇りを持てるのですか」という問題提起でもありました。きっと入所者本人たちは、二三年間もここで生活してきて、雲仙愛隣牧場の入所者とおなじように、いつかこの施設を出て家に帰りたい、お母さんといっしょに生活をしたいと、いろいろな思いを持っていたはずです。その願いが棺桶に入ってしか叶えられなかった。そのことに福祉の専門家として、「このままでいいのですか?」と問いかけたのでした。

みやぎ知的障害者施設解体宣言

私の檄《げき》を受けて、施設長、一般職員らで構成される「あり方検討委員会」が立ち上がり、これからの事業団の方向性について活発な議論がはじまりました。議論を重ねる中で、これまでのような大きな施設は見直さなければならないと気づく職員が多く出てきました。そして五〇〇人の入所者のうち最重度の人をのぞいて、一〇年間で三五〇人を地域へ移行していくという「船形コロニー改革案」が職員自身の手で取りまとめられたのです。

はじめはそんなことができるのかという声のほうが大きかったようですが、彼らの背中を押したのは視察で訪れた南高愛隣会の取り組みでした。それまでも福祉先進国といわれる北欧のスウェーデンやデンマークに研修に出かけていました。でも、すごいなぁと感心しても、所詮よその国のことで、日本でもやってみようとまでは至らなかったのです。ところが南高愛隣会では、おなじ日本で、おなじ法律で、おなじ制度で、おなじ仕組みで、おなじ言葉をしゃべっている人間がすごいことをやっている。これはたいへんショックだった反面、「自分たちにだって、できるのではないか」という勇気を与えたようです。そして、宮城県でも措置をしたまま入所者を施設外の自立訓練棟に移し、地域でのグループホームへ移行するという、南高愛隣会とおなじ取り組みがはじまりました。

施設からの移行と同時に地域にグループホームをどんどん設置していきました。平成八年（一九九六）にはわずか八人だった施設からの移行者は、平成一五年には年間七九人にまで増えました。しかし、それでも私は危機感をもっていました。国レベルでは新しい障害者プラン策定の過程で、「全国で九八〇〇〇人いる施設入所待機者のために、毎年二〇〇〇〇人分の入所施設を建設する必要がある」ということが相変わらず議論されていたからです。

平成一四年（二〇〇二）一〇月に東京と大阪で開催された「国際地域福祉セミナー」の打ち合わせの席でのことでした。スウェーデンから参加されていた、自身も知的障がいがある社会福祉法人の理事長が、その日視察に行った大阪府立金剛コロニーという、わが国でいちばん大きな施設の印象を話されました。「私は日本に生まれなくてよかった。もし、日本に生まれていたら、あそこに入れられる。こわい！　こわい！」と身をふるわせたのです。それを聞いたジャーナリストの大熊由紀子さんは私の顔をちらっと見ながら「ああいう大きな施設には問題がいっぱいあることに気づいている人はいると思うんだけど、ちっとも変わらないわね！　きっと勇気がないんじゃないかしら」と、とても優しい声で、しかし厳しく言われました。その言葉は私の心に刺さりました。

そして平成一四年（二〇〇二）一一月二三日、平成二二年を目標に船形コロニーの全入所者を地域に移行させ施設を閉鎖するという「船形コロニー施設解体宣言」を発表しました。毎日接している施設職員や親、家族でさえ、いいことだと思い込んでいる入所施設中心の福祉への問題提起として、あえて〝解体〟という衝撃的な言葉を使ったのです。平成一六年二月には、浅野史郎知事が宮城県内すべての入所施設を解体して入所者を地域に移行させるという「みやぎ知的障害者施設解体宣言」を発表しました。

自信と誇りを取りもどした

県立の事業団が施設を解体するという「船形コロニー施設解体宣言」は、朝日新聞の一面トップで報じられました。家族からは心配の声が、関係者にはとまどいや反対の意見が寄せられました。でも職員からは反発の声はあがりませんでした。

あり方検討委員会の議論の中心を担ったのが職員組合の人たちでした。入所者を地域に出すことは、施設が縮小し、自分たち職員の雇用にも影響することを意味します。事実、私が副理事長に就任した年には、事業団がなくなるのではというおそれから、組合の機関誌には「黒船襲来」というセンセーショナルな見出しがおどり、鉢巻に腕章、赤旗をもった組合員が初登庁した私を出迎えました。他県の自治体では職員の雇用を理由に組合が反対して入所施設解体が頓挫した事例もありました。しかし宮城県ではそんなことはありませんでした。あり方検討委員会で議論していく中で、組合役員の一人は、施設がどうだというより、施設から地域に働く場が変わっていく、変えていかなければいけないと思っていたと後に語ってくれました。福祉職員としての〝誇り〟が勝ったのです。浅野さんの県知事選出馬と当選が、宮城県民の誇りを取り戻したのとおなじように、地域移行の取り組みは福祉事業団の職員の自信と誇りを取り戻したのでした。

三年間の副理事長の任期がおわり、私も妻も長崎に帰る準備をすすめていました。ところが職員組合から、今度は理事長に就任して事業団改革の先頭に立ってほしいとの申し入れがありました。私は困りはて、全職員の五五パーセント以上が信任してくれるならと条件を出したところ、なんと八二パーセントが信任、不信任は六パーセントだけでした。これを受け、平成一一年（一九九九）から宮城県福祉事業団の理事長に就任することになりました。嬉しいことに〝ふつうの場所でふつうの暮らしを〟という私の考えを職員が受け入れてくれたのです。

船形コロニー施設解体宣言は全国に波及しました。国の新障害者プランからは「入所施設増設」の文言は消えていました。宮城県での成功に背中を押されるように、長野県の西駒郷《にしこまごう》をはじめ、全国の自治体でおなじような取り組みがおこなわれるようになりました。長崎県でスタートした取り組みが、宮城県を経由して、全国に広がっていったのです。

しかし、平成一七年（二〇〇五）に浅野さんが宮城県知事を退任後、後任知事と家族会との協議により「施設解体宣言」は棚上げとなりました。いまもなお約二〇〇人が船形コロニーで暮らしています。解体宣言を出したとき、福祉関係者から「障がい者を地域に放り出すのか！」という批判を受けました。もちろんそんなわけではありません。施設を解体し、地域に移行させていくことは、地域をどう変貌させていくかということです。船形コロニーでも地域への移行と並行してグループホームも建築し、事業団の職員もグループホームをはじめとする地域での生活を支える事業所へ回っていきました。「施設解体宣言」は「地域福祉宣言」でもあったのですが、それが誤解されて伝わってしまったことは残念でなりません。

雲仙愛隣牧場とコロニー雲仙更生寮の閉鎖

平成九年（一九九七）を最後に雲仙愛隣牧場の利用者はなく、コロニー雲仙更生寮も定員の半分になり、その年入所してきた十数名の新入所者と強度行動障がいの人が使うだけになっていました。平成一六年に雲仙愛隣牧場も解体を宣言しました。平成一八年（二〇〇六）に地域

昭和 53 年（1978）に開設された入所授産施設「雲仙愛隣牧場」と昭和 56 年に開設された入所更生施設「コロニー雲仙更生寮」は、四半世紀ほどで閉園した。

福祉を柱とする障害者自立支援法が施行されたことをうけ、平成一九年三月三一日、雲仙愛隣牧場とコロニー雲仙更生寮の閉園式にこぎつけたのです。

昭和五三年（一九七八）四月五日の開所式は、私の友人と関係者だけの寂しい式でしたが、この日、出席してくれた元入所者は三〇〇名を超えていました。〝入所施設を壊すために入所施設をつくる〟という設立当初の夢が、二九年かかってようやく実現したのです。「施設がなくなってよかった。いつ施設にもどされるかと思って怖くて仕方なかったからほっとした」と言う元入所者たちの声を聞きながら、私は胸がいっぱいでした。

障害者自立支援法は、入所施設ではなく地域福祉を柱とする法律です。この法律では〝ふつうの場所で、ふつうの暮らし〟をめざすこれまでの南高愛隣会の取り組みが多く取り入れられました。重度・高齢の障がいのある人を対象にした「ケアホーム」（共同生活援助事業）も整備されました。これで自立訓練棟という、制度を超えたやり方に頼らなくとも、重度・高齢の障がいのある人も堂々と街の中で暮らせるようになりました。ついに長崎県や宮城県だけではなく、日本の全都道府県の街で〝ふつうの場所でふつうの暮らし〟が実現できるようになったのです。

第五章 ふつうの暮らしとは〝愛する人との暮らし〟である

――障がい者の恋愛・結婚

グループホームに足りなかったもの

平成一四年（二〇〇二）一二月九日、私は障害者関係功労者内閣総理大臣表彰を受けました。障がい者雇用や福祉において多大な貢献があったというのがその理由でした。これまで行政とは対立してばかりで、陰口をたたかれることはあっても褒められることはなく、市町村や県の表彰すら縁遠い人生を歩んできました。それがいきなり内閣総理大臣表彰を受けたというので、いちばん喜んでくれたのは妻でした。表彰式には夫婦同伴で出席し、天皇皇后両陛下が臨席される前で小泉純一郎首相から直接授与されました。妻は「あなたとこういう仕事ができて、ほんとうによかった」と初めて言ってくれました。

宮城県では浅野史郎さんが祝賀会をしてくれましたが、長崎にもどってからも、妻と母、そして私が保護者になっている子どもたちがお祝いをしてくれました。子どもたち四三人がそろったのは久しぶりのことでした。

私は幸せな気分で、みんなと酒を酌《く》み交わしていました。そのとき、その場の雰囲気にすこし違和感を覚えたのです。集まった子どもたちとは、入所施設の頃からもう二十数年来のつきあいです。まだグループホームの制度もなかったときから、入所施設を出て地域で生活することを希望し、実現できるよう努力してきました。いまでは、ほとんどの人が地域移行を果たし、地域の企業で立派に働き、グループホームで生活しています。彼らは夢見た生活をおくっているはずなのに、どうも幸せそうな顔には見えないのです。みんな妙に落ち着いたおじさん、おばさんになってしまって、ときめきもなければ躍動感もない、まるでくすんだ色がかかったようでした。しかし、その中でいきいきと輝いている人たちもいます。あきらかに一目で違いがわかるのです。私が感じた違和感はこれでした。おなじような環境にいるのになぜこうも違うのだろうか？　うまい酒を飲みながら、しばらく観察して、はたと気がつきました。その輝いている人たちの横には、ぴったりと寄り添っている人がいるのです。よく見てみると、結婚している夫婦や、つきあっていると思われる人たちです。隣りに愛する人がいる人たちは、ほんとうに幸せそうで〝ときめき〟が伝わってくるのです。

私と妻は、これまで60人の子どもたちの保護者となって親代わりに育ててきた。本人から保護者になってくださいと頼まれた人はすべて引き受けた。結婚するときは親代わりをつとめた。写真は加藤ヤス子さんと福之さんの結納の様子(左から3番目が私)。二人は入所施設の第一期生で、福之さんは一度施設を飛び出しヤクザの下っ端となっていたこともあった。結婚後は一粒種の大志さんをもうけた。

保護者となった子どもの中には、養子に迎え田島家の名前でお嫁に出した人も数人いる。

祝賀会が終わるとすぐに正月です。正月には恒例の年賀に、またその子たちがわが家にやってきました。そのときもちゃんとカップルで楽しそうに連れ立ってくるのです。そんな彼らの姿から、私はグループホームに欠けていたものに気づかされたのです。

「結婚推進室ぶ〜け」の立ち上げ

入所施設は男女区分が原則ですから、グループホームも当然のように男女を分けてつくりました。しかし、なぜ男性だけ、女性だけのグループホームが当たり前なのでしょうか。それまで私たちは、そういう疑問すら持っていませんでした。

施設の中では男女がいっしょに暮らすのですから入所者同士の恋愛は当然あったのです。そんなとき私は、男女がべたべたしていると「おい、こら!」と怒鳴っていました。「女どころじゃないだろうが」「もっとちゃんと就職できるように頑張れ」「そんなことは社会に出てから考えろ!」。まず働いて、地域の中でしっかり生活できるための経済的自立が優先で、恋愛なんかもってのほかと思っていました。恋愛沙汰には謹慎処分など非常に厳しい制限を設けていました。結婚した人もいましたが、それはあくまで経済的自立を果たし、生活できる一部の人にかぎられた話でした。

しかし、考えるまでもなく、人間はある年齢になると、誰もが自分の愛する人をさがし、見つかったらいっしょに生活するものです。これがふつうの暮らしです。男性は男性ばかり、女性は女性ばかりの生活など〝ふつうの暮らし〟でもなんでもないのです。遅ればせながら私はそのことに気がついてしまったのです。

これまで〝愛する人との暮らし〟を願った人たちはいましたが、私たちをはじめ親や家族の反対で、いっしょになれなかったケースがいくつもありました。どうしたらこれまでのやり方を切り替えられるだろうか。正月のあいだ私はずっと考えていました。そして私は宮城県にもどる前に南高愛隣会の職員を集めて、「これまでのやり方は間違っていた。いまから〝愛する人との暮らし〟に積極的に取り組む」と宣言しました。

そして平成一五年(二〇〇三)、「結婚推進室ぶ〜け」を立ち上げ、恋愛に関するサポートに取り組むことになりました。そこで、面倒見のよい世話人二名を相談員として任命しました。似合いのカップルを見つけたり、男女のふれあうきっかけをつくったり、恋愛に躊躇する人の背中をさりげなくポンと押してくれる、そういう役を担ってもらったのです。

愛する人との暮らしに反対する親は敵だ!

私が〝愛する人との暮らし〟に取り組むと宣言したとき、家族と本人たちの反応は真っ二つに分かれました。平成一五年(二〇〇三)二月の家族が集まる育成会の総会で、私は宣戦布告にも似た宣言をしました。「いままでは、この子たちを育てるために親御さんとパートナーとなって一生守っていくと言ってきました。ただし今後は、本人に好きな人ができたら、その子を全力で応援します。反対する親はパートナーではなく〝敵〟です。子どもに好きな人ができたときに、それに反対するような親は私が絶対に許しません。子どもといっしょに闘うから親御さんたちは覚悟していただきたい」。半ば喧嘩腰の表明に、会場はどよめきました。嬉しそうな親は一人もいません。みんな怪訝そうにうつむいたり不安な顔をしていました。保護者である親と対峙して事をすすめるのは初めてのことでした。

　予想どおり親や家族から反発が出てきました。私に直接苦言を呈した親も多くいました。その親たち全員に、「あなたたちは自分が結婚したことを後悔しているのですか」と尋ねてみました。ほとんどの夫婦は、子どもが二十歳代、三十歳代になるまで、長いあいだ互いを必要としながら自分たちなりに精いっぱい頑張ってきて良かったと答えます。さらに「いま相手を亡くしたら悲しくありませんか？」と聞くと、それは当然だと憮然とした面持ちで言うのです。そして「だったら、あなたの子どもが、そういう喜びも悲しみも知らずに一生を過ごしていいのですか？」と迫りました。この子たちの親は結婚して家庭を持ち、夫婦で子育てをしながら生活してきました。そこには楽しいこと、悲しいこと、辛いことなどいろいろなことがありましたが、夫婦二人で乗り越えてきたのです。それとおなじように素晴らしい人生を子どもたちに経験させたくない親などいないはずです。

「遅かったばい！」

本人たちには、いまから自由に恋愛ができること、好きな人ができたら相談にのること、好きな人がいない人にはいっしょに見つけてあげるということを一生懸命に説明しました。最初にあがったのは、「なぜいま頃」「なぜもっと早くしなかったの」といった戸惑いの声でした。

この翌年に結婚することになった山下広志さんは、その年の正月に私の家に訪ねてきて、年賀の挨拶もそこそこに「やっと口説いた。結婚するから」と誇らしげに報告しました。彼は五〇歳の働き盛りで、勤めはじめて一五年、給料と年金で経済的にも自立してグループホームで暮らしていました。結婚してもまったく問題のない状況です。相手は私たち夫婦が保護者になっている悦子さんです。彼女も四五歳になっていました。そのとき広志さんは、「おれはもう〝じじい〟になる。もう子どもはだめだ」とため息まじりに言うのです。それならもっと早く口説けばよかったのにと私が言うと、彼は憮然として答えました。「なんだ、おやじ覚えとらんとか。二五年前にエッちゃんを口説いたら、そのときおやじに怒鳴られた。女どころかって。まず自分で働いて、ちゃんと生活していけるごと努力せろって。それからずっと好きやったけど言い出せんかった。遅かったばい」。そのことを私はすっかり忘れていました。いままで気づかなかった。いままで間違っていた。もっと早くそういう思いに気づけばよかったと大

結婚推進室ぶ～けは、障害者総合支援法にはない南高愛隣会独自の事業である。登録会員同士の出会いの演出から、交際、愛する人との暮らし、子育てや家族生活などの支援をおこなう。いまは契約制となり会費と利用料が必要になったが、３人の専属職員と各事業所に相談員１人、さらに若い職員たちが出会いの場を企画する「ぶ～け支援委員会」によって、さらに支援が充実してきた。

（写真撮影：小山博孝）

いに反省しました。だから結婚推進室ぶ～けの仕組みをつくったのだと正直に説明しました。

登録希望者は続々と出てきました。相談に行こうか、行くまいか、結婚推進室ぶ～けの前を行ったり来たりしています。そしていつしか順番を待つ長い列ができていました。二、三年たった頃にはごくふつうに、好きな人ができたとか、好きな人をさがそうと思う、などと言うようになり、結婚推進室ぶ～けに登録することはみんなの楽しみになりました。私は「彼女はできたか」「彼氏はできたか」と挨拶代わりに言うようになりました。「これから登録に行くとですよ。良か人がみつかるでしょうか?」「俺に聞いても、そんなこと知るか!」などと冗談まじりの会話をしながら、登録に行く前から彼らがドキドキワクワク、気分が高揚しているのを感じていました。あきらかに本人をはじめ全体の雰囲気が変わっていきました。そういえばこの人たちは、このような心が弾むような楽しさを小さい頃からほとんど体験していないのです。いや、させてもらえなかったのです。もしこういう機会がなかったら、彼らは生涯、心のときめきを感じることなく、他人から「おめでとう」と祝福されることもなく過ごしていったのだろうと思います。

結婚推進室ぶ〜けができて幸せな生活をしている人たちの姿がどんどん増えてくると、反対をしていた家族の声も徐々に小さくなっていきました。

置き去りにされてきた性の問題

〝愛する人との暮らし〟をすすめるうえで、いちばん問題になったのは、障がいのある人同士の子育てと〝性〟に関することでした。家族が反対するのもこの二つの理由が大きかったのです。性を抜きにした〝愛する人との暮らし〟というものは考えられません。しかし、男性は男性の性はわかるけれど、女性の性はわからない。その逆もそうです。個人の価値観もバラバラですし、世代間にも考え方にギャップがあります。ただ厄介なのは、日本人は性の問題をタブー視して、公に議論するという習慣を持っていません。臭いものには蓋をするように、見て見ぬふりをしてしまったところがあったかもしれません。そのことで起こってしまった悲劇もありました。

あるカップルがいました。男性はグループホームの入居者で、まじめに働く模範的な青年でした。スポーツが得意で強靭な肉体の持ち主です。一方、女性のほうは児童養護施設から南高愛隣会にきて、長崎能力開発センターをへて就職していました。この二人は愛し合い、やがて結婚に至ります。ところが結婚後二年ほどたったある日、とんでもない事件が起きました。男性が通りすがりの女子高生に後ろから抱きついてしまったのです。日頃から夫婦で仲睦《なかむつ》まじく手をつないで歩く姿をよく見かけていましたから、私たちはたいへん驚いて、いろいろ原因を調べてみました。すると夫婦の生活はセックスレスだったことがわかりました。女性は〝性〟に厳格なカトリック教関連の児童養護施設で育ち、自身も敬虔なカトリック信徒でした。彼女は夫婦になっても、そのまま〝性〟はタブーになっていたのです。男性は性的な満足が得られないまま、このような問題行動を起こしてしまったのです。二人が育ってきた環境の違いが原因でした。ほんとうに幸せそうな生活をおくっていたのに〝性〟で躓いてしまいました。私たちもそれまで〝性〟の問題にはまったく無頓着でした。この出来事は、あらためてその問題に向き合うきっかけになりました。

とくに課題となったのは、愛着障がいがある人たちの問題です。育つ過程で親からの愛情を十分に受けて育っていないために愛情が心の中に定着しておらず、情緒や対人関係に問題が起きる障がいです。女性で幼児期に性的侵害を受けた人たちはこの愛着障がいが多く、好きでもない人とセックスを介してコミュニケーションをとろうとします。ある女の子は面接のとき、福祉事務所の職員が席を外したとたん、私に「おじさん、おじさん」と手招きして、私が近づくとスカートをめくって下着を見せ「百円、百円」とせがむのです。この子の両親は知的な障がいがあり生活保護を受けていたため、この子は弟妹たちの食費を稼ぐために売春をしていたのです。愛着障がいがあるため、性的侵害を被害と思わないのです。その人たちに〝性〟をどう教えたらいいのかは、これまでほとんど検討すらされてきませんでした。

反対に本人の〝性〟を強制的に奪われるという事例もあります。私が宮城県にいた平成六年（一九九四）、知的障がいのある女性が強制的に中絶手術を受けさせられたという相談を受けたことがありました。福祉事務所から取り寄せた書類には「避妊手術」という項目があり、「既」と「未」という枠がありました。「既」の枠には手術した日付を記入するようになっており、「未」には「要注意」と書かれていました。相談者は「未」の子でした。訴えによると中絶できる期間を過ぎてからの手術ではなかったのかということが問題になり、裁判沙汰になりました。日本では「不良な子孫の出生を防止する」ことを目的に、知的障がいや精神障がいのある人などにたいし不妊手術を強制してよいと定めた優生保護法が、昭和二三年（一九四八）から施行されていました。約二万五〇〇〇人の障がい者に不妊手術がおこなわれたことが近年の新聞報道で明らかになっています。この裁判がきっかけで、平成八年に優生保護法から母体保護法に改定されたという経緯があります。

障がいのある人たちに〝性〟をどう教えるのか、どうやってその問題を解決していくのか。いろいろな方法を試してきました。たとえば、「生活実習」という方法です。〝愛する人との暮らし〟といっても、結婚式だけに憧れている人もいます。だから、愛する人と暮らすことはどういうことか、まずいっしょに生活してみる、いわば〝お試し婚〟のようなかたちです。また、性支援委員会を立ち上げ、保健師や大学の教員といっしょに性教育の方法を検討しました。それでも十分な成果をあげたと胸を張っては言いきれません。

〝性〟を楽しむ、自分で〝性〟を決定できるというのは、人間の大事な権利です。障がいのある人がどうしたら、それを正しく行使できるようになるのか。〝性〟についてはいまだに大きな宿題です。

案ずるよりも産むが易し

子育て支援については、結婚推進室ぶ〜け以前の早い時期から取り組んでいました。入所施設から社会に出ていく中で、性の侵害を受けた女性たちがでてきました。父親が誰なのかもよくわからない子を身ごもり、私が身元引受人になって、しかたなく堕胎をすすめたこともありました。病院に連れて行き、処置のあいだ待合室で待っているときが、私が福祉の仕事をとおして経験した出来事の中で、もっともみじめで辛い時間でした。お腹の大きな幸せそうなお母さんたちがにこやかに談笑している待合室に、ぽつんとうらぶれた男がいる。なんとなくみんな横目でうかがうように私の前を通りすぎるのですが、ほんとうに身を切られるような思いでした。羞恥心もありましたが、彼女とその子を守れなかったという罪の意識のほうが強かったのです。いまでも彼女と言葉を交わすと、彼女から非難されているように感じてしまいます。

ある日、私が保護者になっている子の妊娠が発覚しました。年末恒例の餅つきの最中に、外で餅つきをしていた妻が急にいなくなりました。あろうことか四、五人で雲仙の温泉に行ったというのです。夜帰ってきた妻を問いつめると「あの子は妊娠している。しかも相当すすんでいる」と言うのです。妻は妊娠に気づいて、それを確かめるために、ほかの子どもたちも誘っていっしょに温泉に入ったということでした。年が明けてその子が年賀にやってきました。玄関から入ってくる様子も、いつもは〝がに股〟でドスドスと元気に入ってくるはずが、なんと下腹部に手を添えてそろりそろりと入ってくるのです。

正月が明けて妻はその子を産婦人科に連れて行きました。妻は医師から「おめでとうございます」と言われたと泣きながら帰ってきました。堕《お》ろすことができるぎりぎりの時期で、妻は「どうしよう」と狼狽《うろた》えていました。私は、子どもを殺す手伝いは金輪際ご免だと思っていたので、「子どもは神様からの贈り物だ、ちゃんと産んでここで育てよう」と決めていました。そのことを伝えると、みんなから散々に反対されました。妻は私が格好ばかりつけて無責任だとなじりました。担当職員は「どうやって育てるんですか」と途方にくれて泣きだす始末です。しかし私が「考えてもみろよ。職員の人たちもみんな子どもを育てているじゃないか。なにかあったらみんな応援してくれるさ」と言うと、あきれながらも最後には覚悟を決めて頷いてくれました。ほんとうは、誰ひとりとして子どもを堕ろしたい人などいないのです。「ちゃんと身体に気をつけて、いい子を産んで育てろよ」と本人に声をかけたら、彼女は満面の笑顔を返してくれました。たぶん本人は、早く妊娠に気づかれてしまうと堕されるとわかっていたのだと思います。だから私たちに知られないように隠していたのです。彼女は健康チェック表に、「生理が四日間ありました」「六日間ありました」と、いかにも毎月生理が順調だったように嘘を書いていました。あとで聞いたら自分の好きな男性の子どもだと言いました。好きであることが知れると周りからいろいろ言われるので黙っていたのです。「この子は自分で産みます。産みたい！」。そう覚悟して彼女は無事女の子を産み、お母さんになりました。この出来事をみていたほかの子も、自分も子どもが産めると思ったのでしょう。さっそく自分も授かったと打ち明けて、彼女は男の子を産み、二人のシングルマザーが誕生しました。

これらの出来事は、結婚推進室ぶ～けが開設されるずいぶん前の話です。そもそも障がいのある母親がふつうに子育てができるのだろうかという不安がありました。しかし、それはまったくの杞憂《きゆう》に終わりました。実際、子育てにはたくさんの人たちが協力し、応援してくれました。なにより母親になった彼女たちが見違えるように頑張りました。

生まれた男の子は私の母校の後輩になり、国立大学の経済学部を卒業して就職しました。彼は小学校高学年の頃には、母親には障がいがあって、それでも一生懸命に自分を育ててくれていることがわかっていました。就職が決まると、私に「学生のときのように頻繁に帰省することができなくなりますが、母をよろしくお願いします。今後は母が幸せになるような方法を考えてもらえませんか」と報告がてら頼みにきました。

もう一人の女の子のほうは、かわいらしくて、とても元気で活発な子でした。この子が高校を卒業したときに私のところに卒業証書を持って挨拶にきました。そのとき私に、「高校を卒業するまで、お母さんは自分のことは後回しにして私を一生懸命育ててくれました。今度は私がお母さんを幸せにするように頑張りますから、おじいちゃん（私のこと）もお母さんの幸せをしっかり考えてもらえませんか」と言いました。

みんなが心配して育てた子どもたちが、親に感謝し、親の幸せを願う一人前の大人に育っていました。子育ても世間で言われるように案外〝案ずるより産むが易し〟で、みんなが力を合わせると、片親だけでも、あるいは障がいのある親でも、親を案じ、ちゃんと就職して自立できる子に育つものなのです。もちろん、母親になった彼女たちが一生懸命に頑張ったおかげです。母の力はほんとにすごいなと改めて感心しました。子育てが終わった二人のお母さんは、それぞれ一人の女性にもどって、愛する人と新しい生活をおくっています。

子育て支援をすすめるうえでは、このシングルマザーをはじめ、すでに結婚し子育てをしていた障がいのある先輩たちの経験が大きかったようです。彼女たちには後輩たちの前で自分たちの子育ての話をしてもらいました。母親だけではありません。自分は父親だから頑張って子どもを育てなくてはと、驚くほどの自覚と責任感をもって頑張っている男性もいます。そういう姿を目の当たりにすることで、〝愛する人との暮らし〟とはこういうことだと、みんなの目標になりました。〝愛する人との暮らし〟という新たな目標ができたことで、職業訓練や生活訓練にもいっそう力が入るようになるという相乗効果も生まれました。私たち職員にとっても、〝愛する人との暮らし〟への支援は間違ってはいなかったという確信と勇気を与えてくれました。

いまでは〝愛する人との暮らし〟は当たり前のことになっています。結婚推進室ぶ～けの登録者はおよそ二〇〇名、ペア生活をしている人が二四世帯、三世帯が子育てに奮闘しています（平成三〇年九月現在）。好きな人を見つける合コン、デートのための講習会、お父さん、お母さん同士の情報交換会など、いろいろなイベントが組まれ、みんないきいきと積極的に参加しています。愛する人が同性という人もいます。その場合でも「非難や差別をすることなく、愛することの尊さを共に喜び守っていく」というルールを決め応援しています。

もう一つの「愛する人」

「愛する人」とは、パートナーを探すということだけではありません。おなじくらい大切なのは家族の存在です。いまや国内外で活躍する和太鼓演奏集団「瑞宝太鼓」を、団長として引っ張る岩本友広さんも、私と妻が保護者になって育てた子どもの一人です。瑞宝太鼓を取り上げたドキュメンタリー映画『幸せの太鼓を響かせて～INCLUSION～』（小栗謙一監督・平成二三年）の中で、後輩にたいして「自分は好きだったから結婚しました」と格好よくアドバイスする場面がありましたが、実際にはそんな男らしい話ではありませんでした。

彼と奥さんの朋子さんは長崎能力開発センターの同級生でした。彼はこと恋愛に関しては億病で、好きですという気持ちすらなかなか伝えられませんでした。当時、私が住んでいた宮城県に瑞宝太鼓の公演でくるたびに、「言ったか？」「まだ言うとらん」という会話の繰り返しで、三年が過ぎたところで、とうとう私のほうがしびれを切らして、「『あなたが好きです。結婚してください』とちゃんと言え！　言えなかったら親子の縁を切る」とまで言って彼女へのプロポーズを迫りました。すると「言うた、言うた！」と嬉しそうな電話があって、やっと結婚までこぎつけたのでした。出会ってから一〇年ごしの大恋愛でした。

その二人の結婚披露宴のクライマックス、新郎新婦の挨拶で突然彼が泣き出したのです。「やっと朋子さんと結婚できる！」という嬉し涙ではありません。「結婚式にお母さんが来てくれて嬉しい」と泣き崩れたのです。彼は一五年前に実の母親と別れ、児童養護施設で育ちました。その後は私と妻が親代わりになって育ててきました。結婚式を挙げるにあたって彼が希望したのが、実の母親を招待したいということでした。三重県に母親がいるらしいということで、やっとのことで探し出し、妹さんといっしょに結婚式に出席していただきました。長いあいだ離れていた母親に、やっと一五年ぶりに会えた。彼にとってその嬉しさは、妻を迎えることより大きかったのです。そして、親子ともども喜びの涙をさめざめと流していました。彼がいう〝お母さん〟は、ほんものの〝お母さん〟なのです。そのお母さんに壇に登ってもらって、私の妻ではなく実のお母さんに花束を渡しました。

おなじような出来事はまだあります。一五歳のときに児童養護施設からやってきた金子一恵さんは両親をまったく知らない境遇で、私と妻が〝お父さん〟〝お母さん〟になって引き受けました。すぐに私を「お父さん、お父さん」と呼んでなついてきました。いまでも道端で出会うと「お父さん、お父さん」と駆け寄ってきてくれます。そうやって四〇年近く親子として暮らしてきました。ところが、いまから二〇年ほど前、東京の福祉事務所から「一恵さんのお父さんと思われる人が施設に収容されている」という電話がかかってきました。彼女の兄が東京にいることは知っていましたが、父親の消息は不明だったので大騒ぎになりました。一恵さんに父親に会いたいかどうか尋ねると、ぜひ会いたいということでした。しかし私も妻もすぐに出かける都合がつかず、二、三日後に、妻が一恵さんといっしょに会いに行くことになりました。ところが夕方になって、一恵さんが突然いなくなってしまったのです。職員総出で駅周辺を探しまわりました。しかし、どうしても見つけることができず途方にくれていたら、東京の警察署から一恵さんを保護しているという連絡が入りました。彼女は居ても立ってもいられずに、歩い

岩本友広・朋子さん夫妻は長崎能力開発センターの同期生として出会った。友広さんは島原市の企業、朋子さんは大村市の企業に就職したが、その後、友広さんは所属していた瑞宝太鼓がプロ化するため退職、和太鼓奏者として国内外で活躍している。二人は結婚推進室ぶ〜けを介して交際をはじめ、８年間の交際をへて結婚した。結婚の翌年、長男裕樹くんが誕生し、私が名付け親になった。第 27 回人間力大賞文部科学大臣奨励賞を受賞した。

て駅まで行き、現金も切符もないのに、父親に会いたい一心で、そのまま東京行きの列車に飛び乗ったのでした。

東京から帰ってくると、一恵さんはすっかり落ち着いていました。父親の顔などまったく知らないはずなのに「お父さんに会ってきた」と嬉しそうに断言するのです。お兄さんたちはよくわからなかったらしいのですが、「一恵はわかった」と彼女は確信しているようです。理由を聞くと、父親の爪の形が自分の爪といっしょだったということでした。

実の親にはかなわない

私たち夫婦は、親に恵まれない何人もの人の親代わりを努めてきました。とくに妻は食事に心を配り、一人ひとりに愛情をそそいで、私も感心するほど一生懸命育ててくれました。しかし、それでも実の親が現れると、私たち夫婦の存在はまったくかすんでしまうのです。それほど、実の親を慕う子どもたちの思いは強いものでした。

私たち夫婦が一〇年、二〇年の歳月をかけて育てたとしても、ほんとうに血の繋がった親子の縁にはかないません。ただ日頃はその思いを隠しているだけで、彼らにとって実の親は特別なものなのです。その思いが如実にわかったのは、私たちに初めての孫ができたときのことでした。いままでに六〇人近くの人たちの親代わりをしてきて、なかには結婚した人もいるので、私たち夫婦には大勢の孫がいます。私は「孫が二十何人になりました」と自慢していましたし、生まれてきた子どもたちに名前をつけて、みんなかわいい自分の孫だと信じて疑いませんでした。ところが、実の息子である光浩の子どもが生まれると、これが全然違ったのです。生まれた孫の顔を見て以来、この世の中にこんなに大切なものがあるのかと衝撃を受けました。言葉では表現できないほどの心境の変化でした。ですから私も、障がいのある人たちの親にたいする強い思いが、なおさらわかるようになりました。

これまで私は保護者というかたちで親のいない人たちの〝親〟になってきました。障がいのある子を預かったときに、親のパートナーになろうと標榜しながら、一方では日頃から生活を共にしていたら、いつしか実の親よりも勝る存在になれると思っていました。しかし、それは傲慢な思い込みでした。どんなにひどい親であっても、その子たちにとっては大切な「お父さん」「お母さん」なのです。その子たちのほんとうの親に、私たちはけっしてなれないのです。

〝愛する人との暮らし〟をはじめようと決めたとき、もう一つの軸として定めたのは、この「お母さん」「お父さん」との暮らしでした。親・家族より異性・同性の愛する人を見つけたいと願う人には結婚推進室ぶ～けが担当します。一方、重い障がいの人たちには、彼らが母親や兄弟姉妹と生活できることを、しっかり考え支援するように指示しました。そこで南高愛隣会では、お母さんや家族から「スープの冷めない距離」で暮らせるようにしようというテーマを掲げました。この動きは故郷型自立訓練棟からはじまり、平成一八年（二〇〇六）障害者自立支援法の施行以降、一気に加速しました。家族と離れ雲仙市の入所施設に入った人たちを、もともと暮らしていた故郷の家族の近くに、日中に活動する場と生活する場であるグループホームをつくり、職員といっしょに移行したのです。これまでに佐世保地区と長崎地区への移行を実現させました。

それでも母親に代わるものを

しかし、誰もがやがては、そんな大事な「お母さん」「お父さん」と別れなければならない運命のときを迎えます。私がいちばん心配しているのはそのときです。これまでにも親を亡くした人は大勢いますが、父親よりも母親への喪失感が大きいようです。たとえば父親が亡くなった場合に葬儀などに参列すると、本人から「ありがとうございました」「お世話になりました」と、かならず感謝の言葉が返ってきます。ところが母親の場合には、誰ひとりとして挨拶にこないのです。きっと母親を亡くした子は、そういう気持ちの余裕すらなく、悲しく辛い絶望の中で母親を慕って嘆き悲しむことしかできないのだろうと思います。

残された子どもは、ふたたび愛する母親と寄り添って暮らすことはできません。血のつながった兄弟姉妹でも母親に代わることはできないのです。だからこそ、新たな〝愛する人〟の存在が大切になると思うのです。母親に代わる人は見つからないかもしれません。けれども、なんらかのかたちで母親に代わるような人たちが現れればいいと思うのです。本人が愛する人と寄り添うような幸福感をもちながら人生をまっとうすることでしか、その穴を埋めることはできないのではないでしょうか。私たち職員にできるのはそのお手伝いです。

〝愛する人との暮らし〟を提案したとき反対する家族にこう質問しました。「親のあなたはいくつまで生きていられるつもりですか?」「子どもをいくつまでみれますか?」「あと何年みれますか?」。最初は若くて元気な親も、三〇年もたつと自分も誰かに支えられないと生活できなくなります。親は、これからさき何十年も子どもの面倒をみることができる、いや自分がみなければならないと思っています。しかし、現実的に六〇歳、七〇歳になった親が、いつまでも子どもの面倒をみることなど不可能なのです。

林田善一さんは八八歳になっても「自分は嫁をもらう」と言っていました。さすがに九〇歳を超えると〝嫁さん〟の話は出なくなりましたが、五五歳のときからずっと言い続けていました。それほど愛する人の存在は、人生を最後まで幸せに過ごすために非常に大切なものなのです。どう人生をまっとうさせていくのか。これはぜひとも考えなくてはならないことです。

愛する人との生活が叶わなかった人もいます。そういう人たちを含めて、人生を最後まで幸せに過ごすには、どうしたらいいのでしょうか。平成二五年版の『障害者白書』によると、在宅で生活している知的障がいのある人のうち、結婚している人はわずか二・三パーセントです。愛する人と結ばれ子どもが生まれても、障がいのある人が子育てをしていくための支援は、いまの福祉制度にはまったくといっていいほど存在しません。障がい福祉に携わる人は、このことをもう一度考えなければいけないのではないでしょうか。

失敗してもよい、胸のときめく人生を

結婚推進室ぶ～けをすすめていく中で、よく訊《き》かれたのはこんな質問でした。「結婚や恋愛をすすめて、失敗したときはどうするの？」。もちろんうまくいく事例だけではありません。さきの模範青年と敬虔なカトリックの女性信徒の夫婦もその一つです。子育てをしている家庭では、親子問題も深刻です。子どもも知的障がいがある場合、小学校の高学年くらいから徐々に「親離れ」に慣らして、中学校は特別支援学校の寄宿舎に入って自立に向けた訓練をするのがよいのですが、高校生くらいまでいっしょに生活していると、親も子も離れられなくなってしまいます。知的な障がいがある子どもには反抗期がないうえに、母子の絆がとても強いのです。そのため「共依存」の関係になり、母子分離が難しくなってしまいます。そうなると父親の立場がなくなって、夫婦間の関係がこじれてしまうのですが、解決しようにも当人たちにその理由が理解できないという悪循環に陥るのです。そのほかにも子どもを授かったことで家庭内暴力がひどくなった夫婦、夫が浮気性で別れた夫婦もいます。もっとも厄介なのが、彼らがその苦悩を職員に相談しないことです。彼らは常に、いい人に見られたいという強い欲求があ

ります。そのためストレスを溜め込み身体を壊してしまいます。様子がおかしいからと病院を受診させると、隠れて煙草を一日一〇〇本も吸っていたり、酒の飲み過ぎでアルコール中毒になっていた人もいました。

それでもさきの質問に、私は次のように答えていました。

「愛する人もなくグループホームで生活して、いったいなにが幸せなのですか。そこに愛する人が現れて胸がときめく生活ができることは、とても幸せなことなのです。〝ときめき〟がなくなったら別れてもいいじゃないですか。それもいい経験です。別れたら、また次を探せばいいだけのことです。なによりいちばん不幸なのは、愛する人を誰も持たずに、胸のときめきもなく一生を過ごして、最期に一人ぽつんとこの世から去っていくことです。うまくいかなくても結構じゃないですか。たった一日でも二日でも、胸のときめく貴重な体験をすることのほうが、うんと幸せです」。

私は、上品とはいえませんが「美しき処女のばあさんや童貞のじいさんにはなるな」と激励しています。道徳的な美しさや純潔を装って、〝愛される障がい者〟になろうとするのはもうやめようと。人間らしく、今日一日が幸せだなと自分が思えるような人生をおくるべきではないでしょうか。失恋もする、浮気もする。それは〝ふつうの暮らし〟です。障がいがあるというだけで、なぜそういう暮らしができないのでしょうか。

私たち周りの人が本人の幸せのためにと思ってやったことが、かえって彼らの可能性をたいへん狭めてしまいました。愛する人に寄り添っているということのほうが、われわれ専門家と称する者が手を尽くしてあげることよりも、ずっと彼らが幸せになる近道だということを、私は六〇歳近くになってやっと気がついたのです。だから私は彼らに会うたびに、こう語りかけることをやめません。

「彼女はできたか?」「好きな人はいるか?」。

第六章 刑務所が障がい者の居場所になっていた

――罪に問われた障がい者・高齢者

障がい者は天使じゃない

地域で暮らすことは、つねに地域の反対運動と背中合わせでした。「障がい者はなにをするかわからない」「危ない」「汚い」「気持ち悪い」、一方的に理不尽な言葉を浴びせられました。そのたびに、「障がいのある人は、とても純粋でとてもかわいい天使のような人たちなのだ」と、言い続けてきました。でも、実際には罪を犯す人もいるのです。

南高愛隣会の入所者の中には窃盗や無銭飲食、痴漢行為、また若い女性職員の部屋に忍び込んで下着を盗む人もいました。南高愛隣会をスタートさせるとき、入所者選考の基準を決めました。第一に親・家族がいない人、第二に他の施設で受け入れてもらえない人、そして最後に親・家族がパートナーとして私たちといっしょに育てていく意欲を持っている家庭の子どもの順です。第一と第二に重きをおいて選択したためか、そういう〝悪さ〟をする子どもが多かったのも事実です。

女性職員の部屋に忍び込んでは下着を盗むAさんは、何度注意しても、二、三カ月すると、またおなじことを繰り返します。女性職員から、これだけは許せないと涙ながらに訴えられました。寒い冬の日、Aさんと二人で長崎能力開発センターの池に泳ぐ鯉を見ながら、彼に「そんなことをするから女性から嫌われるんだよ。だからお前は彼女が一人もできないじゃないか」と話をしていました。そのときなぜか、ふと、「もう、こいつといっしょに死ぬしかない」という思いにとらわれました。みんなから嫌《いや》がられ、嫌《きら》われて、これ以上生きていくことはできないんじゃないか。私は衝動的に彼の首に自分の腕をまわし、目の前の池に飛び込んだのです。二人で池の中を浮き沈みしながら、彼は「助けてくれ」と何度も叫びました。一瞬、時間が止まったような感覚の中で、「こいつは生きたいんだ！」と確信しました。池から這い上がり、びしょ濡れで寒さに凍えながら「生きたいんだったら、もうやめろよ」と諭しました。そして彼を町の本屋に連れて行って、俗にいう〝エロ本〟を買い、「女性の下着が欲しくなったらこの本を見ろ。本のほうがよっぽどいいぞ」と、本人に教えました。その後、下着を盗む回数は減ったようです。

私たちは、罪に問われた障がい者の問題に取り組む前から、こうやって、ときには体当たりしながら、罪を犯す障がい者を受け入れてきました。後年、あらためて調査をしたところ、南高愛隣会の利用者の中でなんらかの犯罪行動のあった人は、累積で一五〇名にのぼっていました。一人ひとりの職員がその罪に向き合い、背負ってきました。このさき再犯はないのか、それは確信が持てません。ただ、〝今日はしなかった〟、また翌日も〝今日はしなかった〟と日々安堵する対象者は何人もいます。私たちから逃げ出した人たちはいましたが、私たちが彼らを諦めることはありませんでした。

それは南高愛隣会だけではありません。平成一五年（二〇〇三）からはじまった支援費制度は、障がいのある人がサービスを自己決定して利用する制度です。「利用したい」という本人が、福祉事業所と契約を結び、福祉サービスを使う仕組みになっていました。行政主導の措置制度から本人主体への大転換でした。支援費制度が施行されるさいに、船形コロニーでは全入所者に「ここにいたいですか？」と尋ねました。なかには「ここにはいたくない」と答えて施設から出ていった人たちもいました。その中には、退所後一週間以内に逮捕された人が何人もいました。じつは、この施設に「いたくない」人たちは地域に出せない人たちだったのです。もとをたどると彼らは、宮城県で入所施設を解体していく中で、地域に出せないという理由で県内のいろいろな施設から最終的に船形コロニーに集まった人たちでした。少年院や刑務所から出てきた人もいて、雲仙で私が保護者になって受け入れていた人たちと雰囲気がよく似ていました。

平成一六年（二〇〇四）には、宮城県福祉事業団に「契約になじまない障がい者の法的整備のあり方勉強会」を立ち上げ、こういった人たちへの対応について検討をはじめていました。障がい者の中には罪を犯す人がいるというのはわかっていましたが、それはあくまでも、罪を犯す障がい者を福祉が引き受けてきたという認識であり、刑務所が社会のセーフティーネットになっているとは、考えたこともありませんでした。

『獄窓記』の衝撃

「刑務所が障がい者だらけになっている」。そんな内容の本が出版され、話題になったのは平成一五年（二〇〇三）のことでした。著者は元衆議院議員だった山本譲司さんです。菅直人さんの秘書をへて国会議員になりましたが、秘書給与流用事件で懲役一年六カ月の実刑判決を受け、刑務所に服役しました。『獄窓記』は、その彼が服役した刑務所での体験記でした。私は知人の厚生労働省幹部から山本さんの講演会に誘われました。『獄窓記』の中に書かれていることが厚生労働省の中でも話題になっているから、ちょっと聞いてみませんかというのです。

平成一四年（二〇〇二）一一月、「船形コロニー施設解体宣言」を発表していました。さらに翌年の四月には支援費制度に変わり、福祉は大きな転換期を迎えていました。私はその両方にかかわり、福祉に関しては個人的にはほとんどやりつくした感すらいだいていたので、『獄窓記』に書かれていることは眉唾物《まゆつばもの》ではないかと思いました。ところが山本さんの話は衝撃的なものでした。刑務所は極悪非道な人間が入る所と思って戦々恐々としていたが、じつはそんな人間はごくわずかで、むしろどうしてこんな人たちが刑務所にいるのだろうかと思うような人たちがたくさんいた。なかでも知的障がい者や高齢者が大勢いた。自分は彼らの下《しも》の世話や介護を担当していた。刑務所を出ても、障がいのある人は行き先がなく、刑務所が福祉の代替施設になってしまっている、というのです。最初、私は半信半疑でした。ところが話の隅々に、知的障がいのある人といっしょに暮らさないとわからない具体的な話がたくさん出てくるのです。講演終了後すぐに山本さんを訪ねました。なぜ知的障がい者だとわかったのかと尋ねたら、彼はかつて自分の選挙区にあった障がい福祉施設にボランティアとして通った経験があるからだと答えました。

講演会の数日後、さっそく私は仙台の宮城刑務所に足を運びました。受付で刑務所内の見学を申し出たのですが断られました。そこで服役者に知的障がい者がいるかどうか尋ねてみました。押し問答の末、出てきた答えは「一人もいない」ということでした。翌日、法務省に確認しても「一般刑務所には知的障がい者はいない」の一点張りで、さらに「障がいのある受刑者は医療刑務所に収容されている」と言い張るのです。それでは『獄窓記』に書かれていたことは嘘になってしまいます。

福祉施設化した刑務所

私は宮城県の福祉事業団を預かる者として、罪を犯した障がい者についてしっかり確認をしなければならないと思いました。そして宮城県社会福祉協議会副会長に就任した平成一七年（二〇〇五）四月には「触法・虞《ぐ》犯障害者等の法的整備のあり方に関する勉強会」を立ち上げました。「触法」という言葉が「少年法」の用語で、少年だけを対象にした言葉であることすら知らなかったような、手探り状態でのスタートでした。メンバーには福祉関係者だけでなく、法務省関係者、罪を犯した障がい者の事件を扱っていた弁護士に加えて山本譲司さんにも参加していただきました。このとき法務省から勉強会に参加していただいたのが名執《なとり》雅子補佐官（現・法務省矯正局長）と、そのときの課長の林眞琴さん（現・名古屋高検検事長）です。二人は司法と福祉の連携をすすめていくうえで、私たちを育て導いてくれる師匠であり、恩人になりました。この十数年間、たえず寄り添い、どの部署に異動されても気を配っていただきました。

この勉強会で名執補佐官が「現状についてお話しできることはしっかり話してこいとの指示ですので」と言って提出したのが、刑務所の白書である『矯正統計年報』です。内容は驚くべきものでした。受刑者には刑務所に入所した初日に「ＣＡＰＳ」と呼ばれる集団式の知能検査をおこないます。『矯正統計年報』には、この成績結果が掲載されていました。これによれば、知的障がいとされる「知能指数（ＩＱ）六九以下」の受刑者は二三パーセント、自閉症や発達障がいを勘案して「知能指数（ＩＱ）七九以下」に広げると、その割合は四六パーセントに広がり、「テスト不能」の四パーセントも合わせると、受刑者全体の五〇パーセントが知的障がい、または精神障がいが疑われるという数字になりました。法務省の公的文書に、受刑者の半分が知的障がいをはじめ、なんらかの障がいがあるということが示されていたのです。「刑務所の中には知的障がい者が大勢いた」という山本さんの話はほんとうでした。

夏頃には、勉強会の中でこのような認識が共有されるようになり、法務省からの参加者は頭を抱えてしまいました。これまで法務省の役人はそういうことを考えたこともなく、ただ受刑者にいかに刑期をまっとうさせるかだけに関心を払ってきたからです。弁護士たちは、それ見たことかという雰囲気でした。

勉強会では、刑務所の中には相当数の知的障がいのある人がいて、彼らが刑を終え、社会に出ていくための支援も、彼らにたいする配慮もなんらなされていない実情がわかってきました。さらに精神障がいや発達障がい、高齢でハンディキャップのある人も多くいることが考えられました。しかし刑務所の中はブラックボックス化していて、まだなにもわかりませんでした。

その後、私は宮城刑務所や女子少年院をはじめ多くの施設を積極的に視察しました。この数字を裏付けるように、そこには一目で知的障がいがあるとわかる人たちが大勢いました。

見ないふりをしていた

罪を犯した障がい者の存在に気がつかなかったのは私だけではありません。福祉の活動をしている仲間もおなじでした。気がつかなかったというよりは、むしろ触れたくなかったのかもしれません。

法務省の雑誌『更生保護』に、ドイツ人医学者の論文をもとに、知的障がいの人たちは罪を犯す人が多いので犯罪予防対策が必要だという記事が掲載されたことがあります。これに激しく抗議をしたのが知的障がい者の家族の会である全国手をつなぐ育成会です。不確実なデータによる論文を掲載すべきではないと、法務省と激しく対立しました。その当時、私もいっしょに抗議に加わりました。たしかに論文としての問題はあったかもしれませんが、なによりも障がいのある子を持つ親として、自分の子を犯罪者予備軍呼ばわりされたくないという感情が強かったのではないかと思います。それは私たち福祉関係者もおなじでした。

しかし、実際は南高愛隣会にもいるように、罪を犯す障がい者はいるのです。そういう現実に目をふさぎ、私たちは「この人たちはけっして危ない人ではない。心のきれいな天使のような人ばかりだ」と喧伝《けんでん》してきました。そうした姿勢が、社会の目をこの問題から逸らさせ、知的障がいのある人を刑務所に追い込んでしまったのではないでしょうか。私たちは福祉のプロフェッショナルを標榜しながら、刑務所の中にいる彼らを救済する手立てをなに一つしてこなかったのです。ただ黙々と彼らを支えてくれた刑務官たちに心底申し訳ないと思いました。私の福祉活動家としての自信や誇りは粉々に砕け散ってしまいました。

平成一七年（二〇〇五）秋、浅野知事の退任と共に、私も宮城県社会福祉協議会副会長の役職を辞し、長崎県にもどってきましたが、私的な勉強会だった「触法・虞犯障害者等の法的整備のあり方に関する勉強会」は継続して参加していました。一年近くにわたって調査・研究を重ねたあと、第一次厚生労働科学研究「罪を犯した障がい者の地域生活支援に関する研究」として厚生労働省の正式な研究に移行しました。それは刑務所の中に知的障がい者がいるという事実を明らかにすることにほかなりません。知的障がい者の団体や家族の会などから厳しい批判を受けることが予想され、宮城県の関係者の中にも、この問題にはかかわらないほうがいいと忠告する人もいました。

それを身をもって実感したのは、研究代表者を決める過程でした。研究代表者は学者が務めるというのが通例でした。厚生労働省や法務省などの推薦をもとに、いろいろな人に打診をしましたが全員から固辞されました。そのとき、ある学者に「代表者を引き受ければ、ルビコン川を渡ることになる」と言われたのが印象的でした。古代ローマ時代に、内乱を起こしたカエサルが法に反して軍隊を引き連れてルビコン川を渡り、ローマに進軍した故事に因む諺《ことわざ》です。この研究代表者を引き受けてしまったら後戻りはできない、という意味でした。マスコミや親・

家族、関係者からの批判に晒《さら》されることになるのは必至です。厚生労働省が関係する研究ですから国会でも追及されることになるでしょう。そうなれば学者生命も脅《おびや》かされるのではないかと危惧《きぐ》されたのでした。

分担研究の中身や研究者はそろってきましたが、いつまでたっても肝心の研究代表者が決まりませんでした。締め切り直前になって、ある人から「こうなったら代表者はあなたしかいないだろう」と言われました。なぜ私が？ 怪訝に思って理由を尋ねると、「叩かれ慣れているあなたが適任だ」と言うのです。当時、私は障がい者の地域移行をすすめる中で同業の福祉関係者から批判され、宮城県では浅野県政の黒幕として地元メディアから集中砲火をあびていました。たしかに私は打たれ強いし、少々のことではめげもしません。なるほどと私自身もメンバーも納得し、あっけなく私が研究代表者を務めることになりました。民間の活動家からの初めての起用でした。

研究がはじまると、やはり家族の会や福祉関係者から猛烈な抗議を受けました。「障がい者を冒涜するのか」「障がい者が危険な存在だと思われたらどう責任をとるのか」。怒りに震える彼らから、私は障がい福祉に携わる人間としての資質をも糾弾されました。私は抗議にきた一人ひとりに、研究の意図や内容を丁寧に説明しました。そして、自戒の念を持って問いかけました。「私たち障がい福祉にかかわる人間は、これまで障がい者がすべて善人であるかのようなイメージを振りまいてきました。それに異を唱えるような言説とは断固闘ってきました。それが障がい者を守ることでもあるし、彼らの幸せに繋がることだと信じていたからです。でも、こうした私たちの勝手な思い込みが、刑務所の中にいる障がい者の存在を覆い隠し、悲惨な状態に長く放置した原因になったのではないですか？　取り繕いながらやる福祉は、もうやめにしませんか」。納得してくれた人も、そうでない人もいました。しかし、真っ向から反論できる人は一人もいませんでした。

厚生労働科学研究がはじまる前年、平成一七年（二〇〇五）秋、浅野知事の退任とともに、私も宮城県社会福祉協議会副会長の役職を辞し、長崎県にもどってきました。そして、私は残りの人生をかけて罪に問われた障がい者の問題に取り組む覚悟を決めました。

負のスパイラル

平成一八年（二〇〇六）厚生労働科学研究の第一回研究会はお詫びと感謝からはじまりました。「ほんらいならば福祉や厚生労働省の者がやるべきところを、それを怠ったために罪を犯す障がい者が出てきました。その人たちを法務省や刑務官が黙々と守ってきたのです。ただただ申し訳なく思います。遅くなってしまいましたが、私たちは懸命に研究して、知的障がいのある人がなぜ刑務所に入ったのか、なぜ罪を犯してしまったのか、そのことをしっかり解明し、支えられる仕組みをつくっていきたいと思います」。研究会はマスコミに全面公開されました。

これも厚生労働科学研究では初めての試みでした。どうせ悪口を書かれるだろうと覚悟はしていましたが、意外にもメディアは好意的にこの問題に寄り添って報道をしてくれ、予想以上によいスタートを切ることができました。

まずおこなったのが刑務所の実態調査です。平成一八年（二〇〇六）法務省矯正局の協力により全国一五カ所の大規模刑務所を対象に調査をおこないました。刑務所が知的障がいがある（疑いを含む）と把握していた人が、全受刑者二万七〇二四人のうち四一〇人（一・五％）いました。一般の刑務所に知的障がい者がいたという初めての調査結果でした。福祉サービスを受けるために必要な療育手帳の所持者は、そのうちわずか二六人（六・三％）。四割が「帰住先」、つまり帰る場所が「未定・不詳」となっていました。そして六割が退所後一年未満で再犯に陥っているという特徴的な内容も出てきました。

療育手帳は本人が申請して初めて取得することができます。家族や周囲の理解に恵まれず療育手帳の申請ができなかった人は、知的障がい者とは認定されません。障がいがあるのに療育手帳を持たずに社会に出ていくのは、たとえればパスポートも持たずに外国で暮らすようなものなのです。住む場所から仕事、どういうふうに生きていくのか、生活全般を含めてなにも支援してもらえないのです。現在の日本の社会は、手帳がないと支援が受けられないという制度や仕組みになっています。その結果、福祉の網からもれ、社会から孤立し、生活に困窮したあげく罪を犯して刑務所に入り、真面目に刑期を務めても帰る場所がないので短期間でまた罪を繰り返します。もっとも多いのは「窃盗」で、犯行動機としては「困窮・生活苦」でした。

そして研究会がはじまるまさにその直前、福岡刑務所を出たばかりの軽度の知的障がいと認められた累犯《るいはん》男性が、住所がないことを理由に福祉事務所にとりあってもらえず行き場を失った結果、暖をとるために起こした火で、ＪＲ下関駅を全焼させる事件が起こっていました。障がい者が罪を犯すのではなく、罪を犯さざるを得ない環境におかれているのです。〝負のスパイラル〟に陥っている障がい者の姿が浮かびあがってきました。

〝出口支援〟のはじまり

私たちは、どうすれば〝負のスパイラル〟を止めることができるのかを考えました。そして司法と福祉の架け橋をつくる仕組みの検討をはじめました。

これまで司法サイドと福祉サイドでは、知的障がいがあると思われる受刑者にたいして情報共有がまったくできていませんでした。刑務官は刑期が終わると受刑者と接触してはいけないという決まりがあります。そのため、刑務官は福祉の支援が必要と感じていながら、福祉への手続きを支援することができず、退所する受刑者を見送るしかなかったのです。一方、福祉事業所としても退所者の情報は伝えられず、支援のしようもありませんでした。そこで立ち上げたのが、退所が迫った知的障がいの受刑者について、司法と福祉が話し合う「合同支援会議」

です。最初のモデルは私の地元の長崎刑務所と、佐賀県にある女子収容施設の麓《ふもと》刑務所になっていただきました。麓刑務所は熱心な女性刑務官が多く、何度も勉強会を開いて二一名の候補者を選んでいただきました。受刑者の情報を民間人に伝えるというのは前代未聞のことでした。知的障がいの疑いのある受刑者を選定してみると、ほとんどが療育手帳か住民票がありませんでした。これらがないと退所後、福祉サービスを受けることができません。必要な手続きは南高愛隣会が担当しました。療育手帳をとるために刑務所長の名前で申請するのも、判定機関に刑務所へ出張してもらうのも初めてのことでした。南高愛隣会ではこの二つの刑務所から八名を受け入れました。私から突然「刑務所に迎えに行け」と指示された職員は、家族から「刑務所に行くなら、遺書を書いておいたほうがよい」と真顔で言われたそうです。放火犯の受刑者を受け入れることになったグループホームでは、台所用の着火ライターまで撤去し、日中支援の事業所への五分の往復でも職員がマンツーマンで同行する厳重な態勢を整えていました。ところが会ってみると、ふつうの〝おばあちゃん〟で拍子抜けしたという報告がありました。また、出迎えに行った職員にある受刑者がもらした「刑務所を出るのが怖かった。刑務所を出てもまた罪を犯すか、死ぬしかないと思っていた」という言葉を聞いたときは、胸が締めつけられる思いでした。

刑務所に支援を必要としている受刑者がいて、福祉と司法をつなぐものがあれば、彼らを救うことができるということが実感できました。このモデル事業を受けて提案したのが、障がいや高齢など福祉の支援が必要な受刑者が刑務所を出たあと、福祉的なサービスへの架け橋となる特別調整制度です。まず都道府県が実施する「地域生活定着支援センター」を制度化しました。そして全国の刑務所に福祉のプロである社会福祉士を配置しました。刑務所を出ても帰る場所がない障がい者、あるいは高齢で障がいがある受刑者がいれば、刑務所の社会福祉士が保護観察所に連絡します。保護観察所から連絡を受けた地域生活定着支援センターは、それら社会福祉士と協働しながら福祉支援を受けられるように手続きをすすめるという仕組みです。地域生活定着支援センターは、平成二一年（二〇〇九）一月開所の長崎県を皮切りに順次設置がすすめられ、平成二四年三月には全都道府県に設置されました。

また刑務所退所後の架け橋も強化しました。刑務所を出たあと帰る場所がない元受刑者を緊急的に受け入れ、衣食住を提供する更生保護施設という機関があります。更生保護施設の入所期間は原則半年間で、そのあいだにどこで暮らすかを決めなければならないため「シェルター」や「中間施設」とも呼ばれています。しかし、そこでは「仕事をみつける」「働いてお金を貯める」ことが主な目的なので、刑務所からの退所者には高齢や障がいがある人が増えているにもかかわらず、福祉的な支援には不慣れでした。そこで刑務所だけでなく、全国五七カ所の更生保護施設にも社会福祉士や介護福祉士など福祉の専門職を配置して、福祉支援に結びつけました。南高愛隣会では平成二一年（二〇〇九）四月、社会福祉法人として初となる更生保護施設「雲仙・虹」を開設しました。そして国の制度としては、刑務所から退所した障がい者を受け入れた福祉事業所の報酬を手厚くする加算制度もつくられました。

私たちの研究がトントン拍子に政策化されたのは、強力な応援団が現れたからです。平成二〇年（二〇〇八）五月一九日、一本の電話がかかりました。「今日の朝日新聞の社説（「受刑者の出所・知的障害者の復帰に力を」）読んだよ！　福田総理からよく聞くようにと言われた。いつ来れる？」電話の主は町村信孝官房長官でした。町村さんには最後まで陰に日向《ひなた》になって応援いただきました。

こうして司法と福祉が協力し、刑務所を出たあと、つまり〝出口〟の支援を強化することで、

長崎県地域生活定着支援センター（写真上）と更生保護施設「雲仙・虹」での相談面接の様子。“出口支援”は、いずれも全国初の試みだった。

（写真提供：長崎新聞社）

負のスパイラルをくい止めるさまざまな仕組みができました。一〇年たったいまでは、合同支援会議のような受刑中におこなうケースカンファレンスは当たり前の風景となり、日々全国のさまざまな現場でおこなわれています。

〝出口支援〟から〝入口支援〟へ

〝出口支援〟はある程度かたちになってきました。しかし、満足のいくものでもありません。むしろ、疑問は深まっていきました。

一つは、刑務所で、なぜ障がいのある人たちが健常者とおなじ処遇を受けているのかということです。知的障がいのある人たちは、「してはダメなこと」を理解できなかったり、誤解していたり、相手の気持ちを自分に置きかえて考えることが難しかったり、反省をしにくいという特性があります。刑務所の中で健常者とおなじ処遇では、その特性から何度もおなじことを繰り返してしまうのではないかと感じていました。もう一つは、警察や検察での取り調べや裁判の問題です。知的障がいのある人は、人と話す、自分の思いを伝える、人の話を聞くというコミュニケーションが非常に苦手な人たちです。障がいのある人の言いたいことが健常者とおなじ取り調べできちんと伝わっているのだろうか、という疑問がありました。

第一次厚生労働科学研究で協力していただいた弁護士からも、〝出口〟もさることながら、刑務所に入る前のほうがもっと問題があるという訴えを聞いていました。刑務所に入る前、つまり判決を受ける前は「被疑者」や「被告人」と呼ばれています。きちんと調べてみると、刑務所に入る前の被疑者や被告人のほうが圧倒的に数が多いことがわかってきました。そこには、警察に捕まって微罪処分になって帰された人たちと、送検されて検察庁で取り調べを受けたが起訴されなかった人たちがいます。そして起訴された人は裁判によって実刑で刑務所に入るか、罰金か執行猶予で社会にもどすかどうかが決まります。罪に問われた人たち全体の中で、刑務所という〝出口〟から出てくる人はほんのわずかな人たちなのです。人数からいうと〝入口〟の警察に検挙される人が交通事故を含めて七五万人いるのにたいして、〝出口〟である刑務所を出てくるのは二万人という割合です。

こうして〝出口〟だけではなく、刑務所に入る前の障がい者や高齢者にたいする〝入口支援〟を考える必要が出てきました。そして平成二一年（二〇〇九）〝入口支援〟にスポットをあてた第二次厚生労働科学研究「触法・被疑者となった高齢・障害者への支援の研究」がはじまりました。〝出口支援〟をおこなった第一次の研究では、法務省の矯正局や保護局がたいへん積極的に協力してくれましたが、〝入口支援〟で難しかったのは関係機関の協力体制です。警察、検察、裁判所などいろいろな所に研究への参加をお願いしましたが、裁判所からは返事すらありませんでした。検察に至ってはまるで〝鉄のカーテン〟で、〝入口支援〟という名目で民間が入ってくるのは、ほんらい秘匿《ひとく》的な検察業務には馴染まないと門前払いされました。仕方がないので、できるところだけでやろうと腹をくくり、この研究がスタートしました。

刑務所ではなく福祉で受け止める

ここで取り組んだのが地域社会内訓練です。被疑者や被告人となった知的障がいのある人たちを、刑務所ではなく福祉事業所で受け入れて、障がいに合わせた更生のための訓練を実施したらどうだろうかと考えたのです。全国に呼びかけましたが、どこも手を挙げないので、平成二二年（二〇一〇）から南高愛隣会がモデル事業として取り組むことになりました。

まず、接見した弁護士からの連絡を受け、「判定委員会」で逮捕された被疑者・被告人の障がいの有無を判断し、障がいがあるとすればその処遇を検討します。そこで「刑務所での矯正より、福祉施設での更生が妥当」と判断された場合には、裁判所などに意見書を提出し、弁護士と連携し「刑務所での矯正より、福祉施設での更生がふさわしい」と訴えます。裁判で執行猶予の判決が出たら、すみやかに福祉事業所で受け入れ、障がいの程度、成育歴などにより一人ひとりに固有のプログラムを組み、罪にたいする反省や償いの気持ちを育てます。プログラムの内容は「更生プログラム開発委員会」が検証し、訓練の終了は「検証委員会」が判断していくという仕組みです。

モデル事業所には、かつて南高愛隣会で〝悪さ〟をしていた入所者に、もう一度地域にもどるための再訓練をおこなっていた「トレーニングセンターあいりん」が選ばれました。最初の判定委員会では被疑者・被告人八名を対象に、そのうち六人について裁判所に意見書を提出し、公判中には弁護側証人として出廷し、地域社会内訓練の有効性を訴えました。裁判では五人に執行猶予付きの判決が下され、その五人はトレーニングセンターあいりんで訓練することになりました。

村木厚子さんの冤罪事件

平成二一年（二〇〇九）は、私にとって大きな出来事が立て続けに起こった年でした。まず、この年は政治決戦の年でもありました。福祉の世界も平成一二年頃から介護保険事業のスタートで大改革の時期となり、一〇年近く何度も激震が走るような出来事が続きました。福祉の基礎構造改革の基本理念も何度も行きつ戻りつを繰り返し、政治家も揺れていました。村木厚子さんが障害福祉部企画課長として全身全霊を込めてつくった障害者自立支援法も、入所施設が中心の日本知的障害者福祉協会は猛反発、入所者の家族も施設を出されるのではないかと大反対で、自民党の大物議員が施設経営者に突き動かされて反対にまわり大騒ぎになりました。議員たちに説明に行った厚生労働省の職員が悔し涙を流している場面を何度も見ました。私は自民党の五人の大物議員には直接、次の選挙で議員をやめさせると予告して歩きました。

全国で初めて“入口支援”をおこなった地域社会内訓練の取り組み。判定委員会（写真左）が被疑者や被告人にたいし「福祉施設での更生がふさわしい」と判断すると裁判所に意見書を提出し、それによって執行猶予判決がでた場合、「トレーニングセンターあいりん」（写真上）で就労・生活訓練の支援をおこなう。（写真提供：長崎新聞社）

そんな中、五月に友人の浅野史郎さんがＡＴＬ（成人Ｔ細胞白血病）という難病に罹《かか》ってしまいました。血液の病気なのでドナーからの移植以外に助かる道はありません。移植ができても生存率は一〇パーセント、しかも血液の適合率が三〇万分の一という厳しいものでした。必死になって全国の仲間にドナーの登録を呼びかけたり、居ても立ってもいられず和歌山県の高野山まで出かけて祈願までする始末でした。その高野山を参詣中の六月に、知り合いの新聞記者からの電話で、村木厚子さんの逮捕を知らされたのです。逮捕の理由は、平成一六年（二〇〇四）に障害福祉部企画課長だった彼女が、特定の団体に障がい者団体向けの郵便料金の割引制度を悪用できるよう不正な公文書を出したという虚偽公文書作成・同行使の容疑でした。

村木さんは、労働省の障害者雇用対策課長だった頃、長崎能力開発センターをよく訪ねてきてくれました。最初に会ったとき村木さんは「生意気だと思わないでくださいね」と前置きをして、「ハンディキャップを抱えながら働く人には、雇ってやるからこれだけ働けという雇用対策ではなく、もっと優しい目線で見て、どう働く力を引き出すかという、就労支援みたいなことができないかなと思うんです。子育てしながら働くという点では、私もハンディキャップを背負った経験があります。そういう意味では子育て中の人も障がいのある人たちもいっしょです」と言ったのです。あまりに新鮮な発想に、こんなふうに考える役人がいるんだとびっくりしました。現場に行って現場で教わるという村木さんの姿勢に惹《ひ》かれて、それ以来、共に障がい福祉に取り組んできた仲間でした。役所の課長は二年ほどで異動するため在任期間だけのつきあいの人がほとんどですが、なかには生涯を通じたつきあいになる人物と出会うことがあります。その一人が浅野さん、もう一人が村木さんでした。よりにもよってその二人が、一人は生命にかかわる状態、もう一人は逮捕で免職になるかもしれないという深刻な事態でした。

村木さんの逮捕の知らせを受けた私は、すぐに高野山から大阪までタクシーを走らせ、大阪地検に抗議に行きました。しかし守衛は建物にすら入れてくれません。悔しまぎれに、あたりに怒鳴り散らして帰ってきました。メディアの報道もあり、世間は村木さんが有罪であるかのような風潮でした。しかし、私は断固としてそうは思いませんでした。逮捕される三日前に彼女と会ったときも、いつもと変わらない穏やかな村木さんの姿を知っていたからです。私は村木さんの冤罪《えんざい》を確信していました。事件当時、労働省出身の村木さんが、のちに障害者自立支援法と言われる法律をつくる企画課長だったので、障がい福祉分野の若手エース級の人を周りに配置していました。それなのにこんな事件が起こってしまい、厚生労働省の幹部は目を泣きはらし、歯を食いしばって怒っていました。

さっそく村木さんの救出作戦に取りかかりました。村木さんを尊敬する知人や彼女のファンも大勢いたので、呼びかけには多くの人が集まるだろうと思っていましたが、来てくれたのは少数でした。声明文を発表し記者会見を開くことを決めたのですが、公職に就いていたりして都合のわるい人も多く、結局、私と前千葉県知事の堂本暁子さんと弁護士の三人で会見をおこないました。一方、皮肉なことに〝入口支援〟の研究でもっとも協力を仰がなければならないところは検察庁でした。苦渋の選択でしたが、私はその検察庁と敵対しても「村木厚子さんを支援する会」の世話役として、彼女の無実を訴え続けました。

村木さんは年末まで一六四日間、大阪の拘置所で身柄を拘束されました。自分で検察官の調書を読みながら、その中の矛盾点を洗い出し、弁護団と協議を重ねてきました。その地道な努力が報われ、平成二二年（二〇一〇）の夏の終わり頃には、もしかすると村木厚子さんは無罪ではないのか…、と世間の雰囲気が変わっていきました。

私は村木さんの救援活動と並行して、浅野史郎さんのために全国の知人や仲間たちを通じて骨髄バンクへのドナー登録をお願いする活動も続けていました。そして、なんと三五万人もの協力者を得ました。幸いにして適合するドナーが見つかり、手術は無事成功しました。そして今度は、そのおなじ人たちに村木さんの支援のためのカンパをお願いしました。カンパは弁護団の訴訟費用に充てられました。支援運動は広がりをみせ、福祉の仲間をはじめ、厚生労働省の多くの役人たちの支援も表立ってきました。平成二二年（二〇一〇）九月になって、大阪地検特捜部の証拠改竄《かいざん》という前代未聞の不祥事が発覚し、村木さんの冤罪が明らかになりました。村木さんは厚生労働省に復職し、そのあと彼女は厚生労働事務次官に就任しました。

政治の世界では、平成二一年（二〇〇九）の総選挙で障害者自立支援法に反対した議員全員を落選させることはできませんでしたが、長年交友のあった鳩山由紀夫さん（第九三代内閣総理

村木厚子さんとのつきあいは、彼女が労働省の障害者雇用対策課長在任中の頃からだから、かれこれ20年ほどになる。長崎能力開発センターにもよく視察に訪れ、彼女の障がい福祉に取り組む姿勢に共感し惹かれていた。だからこそ彼女の冤罪には確信があった。

彼女への賠償金によってつくられた「共生社会を創る愛の基金」は、罪に問われた障がい者への支援の充実のための研究活動・助成事業・広報活動をおこなっている。毎年開催されるシンポジウムも7回を数えた。

写真は同基金のシンポジウムの会場で、左から私、堂本暁子さん、一人おいて、村木厚子さん、夫の太郎さん、後列に立っているのは浅野史郎さん。（写真撮影：小山博孝）

大臣）が代表になった民主党の応援に飛びまわり、民主党の政権交代を実現できました。

検察改革に加わる

村木厚子さんの冤罪事件を受けて、検察庁、とくに大阪地検特捜部には批判が集中しました。国は改革の必要性に迫られ、検察改革がスタートしました。平成二三年（二〇一一）四月に、最高検察庁に検察改革推進室が設置され、私は民間の立場で参与就任を要請されました。そこで私は検察改革推進室に「知的障がい専門委員会」が立ちあがることを知り、参与の任を引き受けることにしました。これまで検察庁の外側から声をあげていた者が、今度は参与として検察の内側にかかわることになったことで、〝入口支援〟は一気に進展をみせました。

一つは捜査段階での支援です。ある勉強会で、放火容疑で逮捕された知的障がいのある男性の調書と取り調べ映像を見せてもらったことがあります。調書と録音・録画したものを比較しながら検証してみると、まったく合致していません。調書には、「私がその辺を歩いているときに、ムラムラとして嫌な気分だったので、つい火をつけました」といった具合に、本人がすらすらと答えたように書いてあるのに、取り調べ中の録画には本人はぼーっとしている姿しか映っていません。そして検察官が質問をしたことに「はい」か「いいえ」で答えたことが調書としてまとめられていました。その後の調べで、この人は火事があった当日は現地にはいなくて他県にいたことが明らかになりました。

知的障がいのある人は、人と話をする、自分の思いを伝える、人の話を聞くというコミュニケーションが苦手な人たちです。そのうえ誘導されやすい傾向があり、巧みに質問されると事実ではないことも容易に認めてしまうおそれがあります。ちょうどその頃、連続幼女誘拐殺人の足利《あしかが》事件が冤罪だったことが確定し、被疑者とされた男性に軽度の知的障がいがあったことから、検察庁も神経を尖らせていました。

まず、被疑者を取り調べる検察官に、知的障がいとはどういうものかを理解してもらうことからはじめました。取り調べ中に知的障がいの疑いがあると気づいたら、その取り調べの様子を録音・録画して可視化するようになりました。さらに知的障がいと思われる人にたいして、どのような捜査をし、どのように処分したか、全国の地方検察庁から最高検察庁へ毎月報告するよう指示が出されました。この報告を出すためには、すべての検察庁が被疑者について知的障がいの有無に気づかなければなりません。そのために検察官が近隣にある知的障がい者施設に出向いて勉強をするなど意識の変革が求められました。

また、平成二三年（二〇一一）には東京、大阪など都市圏の五地方検察庁で、さらに翌二四年には長崎地方検察庁で、取り調べに社会福祉士や特別支援学校教員などの福祉の専門家が立ち会い、取り調べを受ける本人の通訳の役割を果たす「助言・立会人」が試行されました。最初、検察庁では取り調べの可視化には反対の意見が多かったのですが、全国の地方検察庁から報告が集まりだして半年ほどたった頃には、すっかり検察官の考えは変わり、録音・録画の必要性を認めるようになっていました。平成二三年一〇月から検察全庁で知的障がい者にたいする取り調べの可視化がはじまりました。平成二四年には対象が精神障がい者にも拡大され、現在までほぼ一〇〇パーセントに近い確率で取り調べの可視化が実施されています。さらに日本語が話せない外国人も含めて、可視化の件数はひと月におよそ五〇〇〇件、一年に六万件ほどになりました。

取り調べを受けるときの苦しさ、悔しさはそれを受けた人しかわかりません。無罪を勝ちとった村木さんから、国家賠償法に基づき支払われた三三三三万円を南高愛隣会に寄附していただいたので、それを基金にし、知的障がいやコミュニケーションに障がいがあるため十分な取り調べや裁判を受けられないまま罪に問われた人たちの支援をおこなう「共生社会を創る愛の基金」を、平成二四年（二〇一二）に創設しました。

処罰よりも更生のための支援を

もう一つは、障がいに合わせた処遇のあり方についてです。地域社会内訓練事業をしながら頭に浮かんだのは、テレビの時代劇「遠山の金さん」の決め台詞「これにて一件落着！」でした。現在の刑事司法は、まさにこの台詞そのままです。犯した罪にたいしてどういう罰を与えるかまでは注目しますが、判決が下りれば弁護士も検察官も裁判官も、司法にかかわる法曹界の人たち全員が「一件落着！」で役目を完了し、そのあとを考える人がいません。ほんとうに大切なのは「一件落着！」のあとなのです。ふたたび罪を犯させないために、どのような処分やどのような支援をすればよいかを考えることが必要なのではないか、という思いがますます深まりました。

平成二四年（二〇一二）に「助言・立会人」と共に長崎県で立ち上げたのが「障がい者審査委員会」です。障がい者審査委員会は被疑者・被告人になった人の障がいの有無を見極める判定委員会を発展させたもので、大学教授や社会福祉士、臨床心理士らによって構成された審査委員が、容疑者の障がいの有無や程度、社会福祉的な視点で犯罪の背景や更生の可能性、そのために必要な支援策を、中立公平な立場で検察や弁護士に提案します。それにより福祉のほうが社会復帰や立ち直りになると判断されれば、検察自らが不起訴や起訴猶予処分にし、福祉施設へつなげることができるようになりました。判定委員会では弁護士からの依頼のみでしたが、障がい者審査委員会では検察も助言を依頼するようになりました。福祉と検察が手を組むことで、刑務所ではなく福祉施設で訓練を受けるという選択肢が生まれました。長崎地検と協働でおこなった助言・立会人と障がい者審査委員会は「新長崎モデル」と呼ばれています。どうすれば立ち直るかという更生を中心に考える取り組みを、〝鉄のカーテン〟だった検察自らがおこなうようになったのです。更生に視点をおいた判決がつぎつぎと出されるようになりました。

障がい者審査委員会が発足すると、わずか一カ月半後に知的障がいのある男性に起訴猶予処分が出されました。彼は無銭飲食の罪で刑務所を退所したばかりで、ふたたび罪を犯しています。従来ならば起訴され、裁判で実刑判決が確定するケースでした。また、実刑よりも軽い「保護観察付執行猶予」を検察側が求刑するという前代未聞の出来事が長崎地裁五島支部で起きました。

現在は刑務所と同様に検察の中に社会福祉士を配置し、処分を検討するとともに福祉への橋渡しをおこなうというかたちに発展しています。東京地検に配置された第一号の社会福祉士は、雑誌『更生保護』の掲載論文に抗議した人たちの一人でした。時代はここまで変わったのです。

福祉はヤクザと風俗と刑務所に負けた

罪を犯した障がい者への支援は、刑務所を退所する〝出口〟から、逮捕や勾留の〝入口〟にまで広がりました。地域生活定着支援センターの支援者数は、年間で延べ約五〇〇〇人を数えるまでになりました(「地域生活定着支援センターの支援状況」厚生労働省)。その取り組みは障がい者だけに留まりません。村木さん救出作戦でタッグを組んだ堂本暁子さんと、「女子刑務所のあり方研究委員会」を立ち上げました。刑務所の中でも高齢化がすすみ、平成二七年(二〇一五)には受刑者の認知症調査を初めて実施しました。罪を犯した人たちを国民全体で支援しようという「再犯防止推進法」（再犯の防止等の推進に関する法律）が平成二八年一二月に議員立法で制定されました。刑務所の退所者全体に支援が広がったのです。

私は福祉が救えなかった人たちのために、全力で取り組んできました。では、はたして私たちは彼らを救うことができるようになったのでしょうか？

その日、私は東京秋葉原《あきはばら》の街頭に立っていました。女子高校生が家出して風俗に取り込まれていく現場の視察です。勧誘する男の横に立って、こっそりやりとりを聞いているとほんとうに上手です。「どうしたの？」「行くとこないの？」「お腹減ってる？」「まずご飯食べようよ」と言葉巧みに懐柔《かいじゅう》し、誘い込んでいます。ヤクザもおなじです。かつて南高愛隣会とヤクザのあいだに〝十年戦争〟というものがありました。入所施設を抜け出し、ヤクザの下っ端になっていた障がい者が組織から逃げてきたのをかくまったのがはじまりでした。施設を抜け出した先で転がり込んだパチンコ店の店長がヤクザだったのが、彼がヤクザの世界に足を踏み入れるきっかけでした。じつは彼のようなヤクザの下っ端には、知的障がいのある人が多くいます。障がい者にとって、自分にいちばん優しい人は「ヤクザのお兄さん」だったということがめずらしくないのです。

福祉は、ヤクザや風俗にくらべるといろいろな手続きが必要で、「今日からおいで」と言える施設は一つもありません。罪を犯したらすぐに入れる警察や刑務所とは大違いです。司法と福祉で話し合う合同支援会議をはじめたとき、受刑者から「福祉に捕まると一生出られない施設に入れられる。それなら入る期間が決まっている刑務所のほうがよい」と言われ、驚きました。福祉の支援を拒否して逃げてしまう人もいました。彼らはうるさく指導されたり、厳しいことを言われるのが嫌なのです。その反面、優しくしてくれたり褒めてくれる人の言うことはよく聞き、そのため犯罪に巻き込まれてしまいます。どうしてわからないのかと怒るのは簡単です。しかし、私たちはその人の心を捉え、その人が安心して寄りかかることができるような心の絆が築けているのでしょうか?

福祉がやるべきことに、福祉がいまだ追いつけずにいる…。これは私がずっと抱き続ける疑念でもあります。そのような思いから、私はよく「福祉はヤクザや風俗、刑務所に負けた」と、ちょっと過激な言い方をすることがあります。司法の人は福祉に再犯防止を期待します。しかし、たとえどんなに制度がすすんだとしても、福祉の人間は更生のプロにはなれません。福祉の人間にできること、それは障がいのある人といっしょになって彼らの幸せ探しの手伝いをしながら〝人生の伴走者〟になることしかありません。なぜなら、幸せなら罪は犯さないでしょう? 福祉の側から司法に投げた〝ボール〟が、ふたたび福祉にもどってきました。

私たちは障がいのある人が罪を犯さないで生きていける社会をつくれているでしょうか。彼らのやり直し、生き直しを、私たち福祉の人間がどのように支えていけるのか。いま福祉の力が試されています。

エピローグ

福祉の精神は不滅だ

福祉は滅びてしまうのか？

私が福祉の道を歩きはじめて四〇年が過ぎました。つねに障がいのある人たちのことだけを考えて突きすすんできました。障がいのある人たちのための制度がなにもない時代は、すこしすすんでは壁にぶつかり、方向を変えてはまたすすむ。それがときには、とても高い評価を受けることもあり、あるときは厳しい批判を受けて挫折することもありました。そのたびに立ち止まって、のたうちまわりながら次の道を探してきました。その根底には、障がい者というもっとも生きる力の弱い人が過ごしやすい社会をつくることは、すべての人にとって幸せな社会をつくることであるという信念がありました。だから私も「障がい福祉は国づくり。われわれは国士である」と言ってきたのです。

未来に視線を向けたときに、はたして一〇〇年後すべての人が幸せになる社会が来るのだろうかと不安になることがあります。いま私の胸にあるのはやっとここまできたという満足感ではなく、逆に、生涯をささげてきた福祉が滅びてしまうのではないかという恐怖です。

たしかに四〇年前とくらべると法律や制度が充実し、生きる力の弱い人を支える力は強まりました。その点では目に見えてよくなっています。しかし、これには落とし穴があります。象徴的なのが高齢者福祉です。それまで家族がお世話してきた高齢者を社会全体で支えようということで、平成一二年（二〇〇〇）四月に施行されたのが介護保険法です。加齢によって日常生活に介護が必要になった場合、保健医療や福祉のサービスが受けられる仕組みになっています。これによって高齢者介護にかかわる人は爆発的に増えました。ジャーナリストの大熊由紀子さんが著書『「寝たきり老人」のいる国いない国』で取り上げたような、ベッドに縛りつけられる「寝かせきり老人」はいなくなりました。制度が充実したかわりに、使われなくなったのが「高齢者福祉」という言葉です。経営者も、働く職員も、口にするのは介護保険事業であり、〝福祉〟という理念がゆらいでいるような気がします。

〝事業〟によって変わるもの

介護保険事業においてはサービスを提供する事業者が支援者で、お客様はサービスを受ける高齢者になります。高齢者は事業者と契約を結ぶことで介護保険で決められている範囲のサービスを受けられるようになり、介護保険事業所の職員は決められたマニュアルにそって、該当するサービスを提供します。つまり職員はマニュアルの範囲内でサービスを提供する〝労働者〟ということになります。南高愛隣会では、国家公務員の完全週休二日が実施されるよりも早く週休二日制を導入しました。そのさい理事会から「うちの職員は働き過ぎではないか。週四四時間労働から四〇時間に改善して、土日はしっかり休もう」と提案したのですが、職員からは反対の声があがりました。彼らは自分たちを労働組合ならぬ〝楽働組合〟と称して、週に二日も休むと、入所者にたいして、いまとおなじレベルのサービスが提供できなくなると主張したのです。たぶん彼らは自分たちのことを労働者とは思っておらず、好きなことをやっている〝福祉の活動家〟と考えていたのではないでしょうか。いまではそういうことを言う職員はほとんどいなくなりました。

私が考える福祉とは、障がいのある人たち（加齢による障がいが生まれる高齢者も含む）一人ひとりの幸せづくりのお手伝いをすることです。あくまで目的は、ＱＯＬ（クオリティーオブライフ・生活の質）を高めることなのです。ところが事業になるとルールが優先されます。たとえば、身体が不自由になって食事がつくれなくなったおばあさんと、まだ元気なおじいさんがいっしょに暮らしています。介護保険を利用できるのはおばあさんだけで、ヘルパーはおばあさんのための食事をつくることはできるけれど、同居しているおじいさんの食事はつくれません。介護保険サービスの範囲を超えるからです。しかし、おばあさんの幸せが、おじいさんにもおいしいものを食べさせてあげたいことだとすると、おばあさんの幸せは介護保険では叶えられないことになってしまいます。それは私が追求してきた福祉の理念や哲学とは違うものです。

平成一八年（二〇〇六）四月に障害者自立支援法が施行されました。この法律をつくるときの担当課長が村木厚子さんでした。私も非公式で開かれた勉強会に参加させてもらい、障害者基本法の理念はそのまま生かした新しい法律の中身を検討しました。障がいの種類（身体、知的、精神）にかかわらず、共通した福祉サービスを提供できる仕組みをつくりました。しかし、障害者自立支援法を介護保険とおなじ仕組みにしたことで、障がい福祉でもおなじことが起こってきている気がします。

それでも救われない人がいる

法律や制度が充実しても出てくる落とし穴は、ほかにもあります。

行政がつくる法律や制度は最低基準のものばかりです。利用する人たちに合わせて制度や政策は進化させていかなければなりません。南高愛隣会の四〇年は行政との戦いでした。私たちには、制度や法律の質を高めるためには、それを超えた先駆的な取り組みが必要なのだという強い思いがあったからです。その取り組みを日本中にいきわたらせるために、法律や制度にすることをめざしてきました。ところが、制度にするということは、最高のレベルではなく、平均的な内容をめざさざるをえません。また、これだけは絶対守ってくださいという最低限の基準を設定します。ところが年数がたつと、その法律をつくった目的が忘れられ、かわりに制度が定める最低基準を守ることが目的になってしまうのです。そして、制度を守ることを重視するあまり、事業になじまない人を受け入れなくなるという事態になってしまいます。

たとえば激しい自傷や他害行為を繰り返す強度行動障がいの人の支援です。南高愛隣会は日本で最初に強度行動障がいのある人を受け入れ、手探りで支援してきました。しかし平成二七年（二〇一五）二月、その支援が障害者虐待防止法に触れる「障がい者虐待」と認定され、南高愛隣会の二事業所にたいして一年間の新規利用者の受け入れ禁止という行政処分が下りました。そうなると、「南高愛隣会で虐待と言われるなら、自分たちの施設でも虐待と言われてしまう。それなら強度行動障がいの人はとうてい受け入れられない」という施設も出てきました。受け入れてもらえなくなった人たちはどうしているかというと、親や家族が必死で家でみるか、または精神病院に入院させるしかありません。そのどちらもできなくて、最後には子どもといっしょに死ぬしかないという窮状の人も出てきていると聞いています。

いま私は罪を犯した障がい者や高齢者の問題と向き合っています。とくに罪を犯す高齢者が急増しています。高齢者が刑務所を退所したあと、彼らを引き取って面倒をみてくれる家族や施設はあるのでしょうか。ふつうの介護支援事業ではそんな厄介な人をみようとはしません。いま国内で身元不明で亡くなる人は年間三万人にのぼっています。その中には認知症の人と共に、刑務所を退所した行き場のない高齢者が相当数含まれているのではないかと思います。

このように制度や法律が充実すればするほど、またそれを遵守《じゅんしゅ》しようとするあまり、その支援の枠からはみ出してしまう人たちが出てきてしまいます。とくにわが国はたいへん真面目な人が多いぶん、そうなりやすいのではないかと危惧しています。

「福祉は滅びてしまうのではないか」と私が恐れている理由はここにあります。

教師がいなくなり教員だけが残った

これとよく似た経緯をたどっているのが教育の現場です。私は南高愛隣会の職員に「教員になるな〝教師〟になれ」と指導してきました。それでは教師と教員の違いとはなんなのでしょうか。

長崎能力開発センターでは、修了式のときに職員と訓練生が対面してお別れをします。そのとき、ある職員のところではかならず訓練生が別れたくないと言って泣くのです。おなじようなことは雲仙愛隣牧場でもありました。職員が退職するときには退任式をおこない、最後は入所者全員で見送るのですが、入所者が抱きついて離れない職員が出てきます。ほかの職員が「離れようね」と声をかけても聞きません。まるで母親を慕う子どものようです。見送るまでに二時間もかかったことがありました。訓練生は、こうした職員には卒業後でも、街の中で見かけると、車が走っているのもおかまいなしに飛んで行きます。一方で忘れられる職員もいます。その職員から習ったことや、顔も名前も思い出すらもすっかり忘れてしまいます。同窓会が開かれてもその職員のまわりには誰も寄ってきません。

これが教師と教員の違いです。それは職員という仕事を超えて、どれくらい愛情を持って教え子と接することができたかどうかだと思います。私自身も過去に何人もの先生に出会ってきましたが〝教師〟と呼べる先生は三人しかいませんでした。その三人の先生は私のことを愛してくれました。一生懸命に叱ってくれました。私が悪いことをしたときは「ゲンコツだ」と言って頭をコツンと叩くのですが、私はそれが嬉しくて自分から頭を差し出していました。そこには愛があったからです。だから困難なことがあったとき、ふとその先生の顔が浮かびます。あの先生ならどう思うだろう、どうするだろうと考えます。その三人はいつまでも私にとって宝物のような存在です。

障がい福祉にたずさわる職員は、母親のような愛情をもって接することが求められます。障がいのある人たちは母親が大好きです。お母さんは深い愛情を持って子どもに接するので、その思いがちゃんと伝わるのです。仕事だから仕方がないという気持ちで接していると、誰の心にも残りません。そういう職員は忘れられるというかたちで教え子から裁かれるのです。

南高愛隣会で働く職員にも「あなたにとって〝教師〟と呼べる先生は何人いますか?」とかならず聞きます。そのうえで「あなたも教員ではなく〝教師〟になってください」と指導してきました。現在の教育現場では〝教師〟は少なくなっているように思います。それは教師が教育者である前に、労働者であることに重きをおくようになった歴史が関係しているように思います。

時代に取り残されたのか

福祉とは一人ひとりの幸せづくりです。その幸せを追求しようとすると、当然いまの制度や法律の枠から外れるところが出てきます。

雲仙愛隣牧場の第一期生の林田善一さんは平成二九年(二〇一七)に亡くなりました。善一さんは南高愛隣会の重度・高齢夜勤型のグループホームを利用していたのですが、体調を崩して入院することになり、それが少し長引いて三カ月を超えてしまったのです。入院が三カ月を超えると、南高愛隣会との契約をいったん解除するというルールになっていました。最期が近くなって、南高愛隣会でいっしょに暮らした職員の中にはお見舞いに行きたいという人が出てきました。ところが勤務時間中に行くことはできません。なぜなら善一さんは現在契約を解除しているからです。では休みの日なら行けるかというと、利用者とは業務外で会ってはいけないという法人内で決めた規則があり、それに抵触するため行けません。善一さんも職員も互いに会いたいと願っていて、お見舞いができたらみんなが幸せと思えるのに、いわゆる建前の福祉制度にがんじがらめになってしまう。「本人の幸せづくりのお手伝い」をめざしてきた南高愛隣会ですら、そういうことが起きてしまうのです。

昭和五二年（一九七七）の雲仙愛隣牧場の起工式の夜、私は〝身を焦がし一隅を照らす蝋燭に〟という言葉を書にしたためました。あれから四〇年近く、この言葉どおりに生きてきたつもりです。四〇年がたち南高愛隣会は大きな組織になり、職員数もたいへん増えました。組織が大きくなるといろいろな規則に縛られるようになります。私がやってきたように、一人ひとりの幸せに合わせて制度を超えたサービスをしろというのは難しく、制度や法律に基づいてやっていかなければならないということは理解できます。しかし、それは私がめざしている福祉ではありません。私自身が時代についていけなくなったということもあるでしょう。一生懸命手探りでおこなってきた強度行動障がいの人たちへの対処が虐待とみなされたことで、私のめざしてきた福祉と、社会の考える福祉が大きく乖離《かいり》していることに気づきました。その時代の流れにさびしさを覚えています。

〝福祉の活動家〟たれ

南高愛隣会を設立するにあたって、なにか青写真があったわけではありません。ただ目の前にいる障がいのある人、一人ひとりの幸せを考えてがむしゃらに取り組んできました。南高愛隣会の歴史は、障がいのある人たちに寄り添いながら、彼らの幸せの実現を求めてきた歴史でもあります。現行の法律がそぐわなければ法律を超えて、法律がなければ新しく法律をつくりながら、なんとか実現する方法を考えてきました。なぜなら私は〝福祉労働者〟ではなく〝福祉の活動家〟だと思っていたからです。目の前の業務をただこなすのではなく、生きる力のもっとも弱い人が幸せになる仕組みを考えていくことが使命だと思っていたからです。

なにが幸せかということは一人ひとり違います。ここまで来たら幸せですよと一律に決めることはできません。またその時代によっても変わっていきます。そして一つの幸せを手に入れると、別の幸せを手に入れたくなります。福祉の仕事をはじめて四〇年たちましたが、私には達成感はありません。頑張って山の頂上に立ったと思っても、また次の山がそびえています。峠を越えて振り返ると、あっちこっちに次の問題の芽が出ています。幸せというのは進化していくものなのです。そういう意味で福祉の仕事は、いつまでたっても「これでいい」という終わりはありません。

妻は十代の終わりの頃には私のそばにいた。常に理解者であり支援者であり続けて50数年間、ぴたりと寄り添って生きてきた。「自分は父のようにはならない」と言っていた息子の光浩も理事長になって、南高愛隣会の常に挑戦する法人である姿勢だけは受け継いでくれた。光浩の妻の洋子も東京から長崎に喜んで移ってきてくれ、３人の子育てと、激務に喘ぐ夫を支えている。光浩の長男侑政、長女奈々、次男朋和、孫たちはわが家の宝となった。

平成元年（一九八九）に、障がいのある人たちが〝ふつうの場所で、ふつうの暮らし〟ができるようにとつくったグループホームの制度も、いまの時代にはそぐわなくなってきています。時代のニーズにあった福祉や制度を探すのはたいへんです。面倒です。時間もかかります。しかし、私が考える福祉の精神をなくしてしまうと、あっという間に逆戻りしてしまいます。

たとえば、いま求められているのは親亡きあとの問題です。それまで守り育てていた親が亡くなったあと、どうしたら障がいのある人が安心して楽しく暮らしていけるのか。それを支える仕組みは、現在の制度の中にはありません。南高愛隣会では、障がいのある人たちの団体であるＮＰＯふれあいネットワーク・ピアや、家賃や利用契約などいろいろな契約の保証を受け持つＮＰＯ障がい者後見・支援センターあんしん家族など、いくつかのＮＰＯ法人がその役目を担ってくれています。ただし公的費用の補助もなく、経営としては困難と言わざるをえません。そこを補う仕組みをつくっていかないと、彼らが幸せな生活や満足感を得ることはできないでしょう。

どうしたらそれを達成できるのか。一〇〇点満点という仕組みは簡単に思いつきません。でも南高愛隣会の四〇年の中で、私は二〇点でも三〇点でもいいと言っていました。なぜなら本人にとっては「いま」がいちばんどん底だからです。二〇点でも三〇点でも、いまより少しでもよくなることが幸せへ近づく第一歩だからです。

いま南高愛隣会には福祉の仕事を求めて全国から職員の応募があります。最近は罪に問われた障がい者・高齢者の問題に取り組みたいという人が増えてきました。どんなに時代が変わっても福祉の本質を追い求めたい人はかならずいるはずです。どうか一人でも多く〝福祉の活動家〟の精神を持つ人が出てくることを望みます。私の思いや南高愛隣会の理念や哲学を、次の時代に引き継いでもらえれば、やがてはすべての人が最後に幸せだったと思える社会が実現するのではないかと確信しています。

現在、私は全国的な組織や国の機関の役職を降りて、すこしずつ肩の荷が軽くなってきました。そして思い描いているのは、一人の〝人〟として、障がいのある人たちを支えて、つきあっていく生活です。もともとそういう支援がしたくて、でも当時の制度ではそれができないので、仕方なく入所施設をつくったのですから、四〇年かけてぐるりとひと回りして、やっと原点に帰ってきたわけです。結婚推進室ぶ～けを通じて結婚し、愛する人といっしょに暮らして、表向きは幸せそうに見える人たちも、じつはいろんな問題を抱えて喘いでいるのです。そんな彼らの場所にもどりたいのです。地元をうろうろしながら、彼らといっしょに喜んだり、困ったりしたいのです。やっと理想的な福祉活動ができる身になりました。

私も祖母の遺言のとおり、命の続くかぎり一人でも多くの人の幸せづくりのための活動を続けていきます。

◉あとがき

身を焦がす生き方を求めて

「平成三〇年度の内閣総理大臣表彰は、安心安全なまちづくりに多大な貢献をした社会福祉法人南高愛隣会に内定しました」という連絡をいただいたのは九月中旬のことでした。一六年前の平成一四年（二〇〇二）一二月、宮城県福祉事業団の理事長時代にいただいた「アジア太平洋障害者の十年」を記念する内閣総理大臣表彰は、「障害者の雇用・能力開発と障害福祉の向上に多大な貢献をした田島良昭氏に…」と、あきらかに南高愛隣会での活動にたいしての評価でしたが、当時の私の住所は宮城県でしたので、長崎の南高愛隣会のことはあまり話題になりませんでした。今回は、南高愛隣会の実施している事業の広がりや内容の充実度など、厚生労働省だけではなく、法務省や検察庁など政府の複数の省庁が高く評価し、推薦してくださったそうです。法人と個人の違いはありますが、内閣総理大臣表彰に、一生のうち二度も関係できるのは嬉しいことです。振り返ってみればこの四〇年、無我夢中での福祉活動でしたが、よくぞ走り続けることができたものだと驚いています。

「蝋燭のように身を焦がし、私を必要としてくれる人を照らす灯になりたい」と願い、誓いを立ててこの仕事につきましたが、反対に私の足元を照らして導いてくださる人がたくさん現れました。まず、さまざまな障がいがある本人さんたちと、その家族、とくにお母さん、お父さんたちとの出会いがありました。子どもを守り育てる活動を通じて、互いをパートナーと考える関係になり、いまや七〇〇家族を超えるコロニー雲仙連合育成会は、〝戦う〟親・家族の会としてそれぞれの住んでいる地域での活動を広げています。そんな、子を思う親の姿を見ながら育った兄弟姉妹たちが当法人にもたくさん働いていますが、全国各地で生きる力の弱い人のお役に立ちたいと福祉を自らの職業としている人たちも増え、いろいろなことで助けていただいています。

また、私と妻と息子を守り、育ててくれた強力な集団は、職員のみなさんでした。先日の法人設立四〇周年記念の集いの挨拶で、田島光浩理事長は「保育園の迎えは母ではなく、前田スマ子さんのほうが多かったです。だからいまでもスマ子さんに会うと嬉しくてたまりません」と話していました。第一期の職員で最年少だった一八歳の前田スマ子さんは、三歳の光浩をとても気に掛けてくれてかわいがってくれました。

私の弱点は何事も長続きしないことで、事業の実務は最初の一～二年間は一生懸命取り組むのですが、すぐに飽きて職員の誰かに任せて放り投げてしまうのです。仕事を任された人は試行錯誤しながら改善し、やがて私がかかわっていた最初の頃にくらべると、格段に充実した事業内容に導いてくれるのです。今回のこの記念誌も、理事長と松友大総務課長から「法人の誕生から現在までを知っているのは、あなたしかいない」などとおだてられ、職員研修の講義として話したものを、私と共に歩んできた統括部長らでチェックし、文章にまとめていただいたものです。こうして私の仕事はいつも周りの誰かに助けられ、支えられてきたことを、あらためて実感しています。

今回の出版にさいしては株式会社えぬ編集室、中央法規出版株式会社のお力添えをいただきました。心から感謝申し上げます。

〈田島良昭年譜〉

（和暦）	（西暦）	（齢）	（田島良昭・南高愛隣会）	（社会の動き・出来事）
昭和20	1945		（1月）長崎県南高来郡西郷村（母親の実家）に5人兄弟の長男として生まれる （9月）熊本県に移り住む	（8月）終戦
昭和21	1946			（11月）「日本国憲法」公布
昭和23	1948	3	熊本県の親元を離れ、島原市内で祖母ふみに育てられる	（12月）国連総会「世界人権宣言」採択
昭和24	1949			（12月）「身体障害者福祉法」公布
昭和25	1950			（5月）「生活保護法」公布 「精神衛生法」公布
昭和26	1951	6	（4月）熊本県の親元へ戻り、河内村立河内小学校に入学	（3月）「社会福祉事業法」公布
昭和30	1955	10	約2年半「いじめ」にあう。厚生大臣になることを決意	
昭和32	1957	12	（4月）河内村の中学校へ入学	
昭和33	1958	13	（4月）祖母ふみの元へ、島原市立島原第一中学校へ転校	
昭和35	1960	15	（4月）長崎県立島原高校入学 （6月）日米修好通商百周年祭少年大使（2カ月渡米）	（3月）「精神薄弱者福祉法」公布 （7月）「身体障害者雇用促進法」制定
昭和38	1963	18	（4月）法政大学法学部入学 （10月）再建・全日本学生自治会総連合（全学連）執行委員になる	
昭和39	1964			（10月）東京オリンピック
昭和44	1969	24	（3月）法政大学法学部卒業。衆議院議員・倉成正代議士の秘書に	
昭和45	1970	25	倉成代議士のもとで「心身障害者対策基本法」施行にかかわる （11月）ツヤ子と結婚	（5月）「心身障害者対策基本法」公布・施行
昭和46	1971	26		「社会福祉施設の緊急整備5カ年計画」に基づき全国に大型入所施設がつくられる （12月）国連総会「精神薄弱者の権利宣言」を採択
昭和48	1973	28	政治家の道をあきらめ、福祉の道を志す	
昭和49	1974	29	（7月）長男光浩誕生	
昭和50	1975	30		（12月）国連総会「障害者の権利宣言」採択

昭和52	1977	32	（10月）「社会福祉法人 南高愛隣会」設立。理事長に就任	
第1次整備5カ年計画「治療教育・指導訓練の場づくり」				
昭和53	1978	33	（4月）入所授産施設「雲仙愛隣牧場」（定員50名）開設 家族3人で施設の厨房控室に住み込む	
昭和56	1981	36	（4月）入所更生施設「コロニー雲仙更生寮」（定員50名）開設 （4月）福祉ホーム「有明荘」（定員10名）開所、家族3人で管理人室に住み込む（～2008年3月）	（1月）国際障害者年
第2次整備5カ年計画「社会自立へのシステムづくり」				
昭和58	1983	38		（1月）「国連・障害者の10年」 （4月）労働省に障害者雇用対策室を設置
昭和60	1985	40	（4月）地域の拠点に通勤寮「双葉寮」（定員20名）開設 （11月）「あかつき荘」で重度・高齢者の自立訓練はじまる	（4月）労働省に障害者雇用対策課を設置 （5月）知的障がい者の福祉工場が制度化
昭和61	1986	41	（8月）第三セクター「長崎能力開発センター」設立、理事長に就任	（4月）「国民年金法」の改正により「障害基礎年金制度」創設
昭和62	1987	42	（4月）第三セクター「長崎能力開発センター」開校	「身体障害者雇用促進法」が「障害者雇用促進法」となり知的障がい者も対象となる
第3次整備5カ年計画「社会生活の受け皿づくり」				
昭和63	1988	43	（5月）福祉工場「コロニーエンタープライズ」（定員50名）開設	
平成元	1989	44	国の第1号グループホームに7棟が認可される	（5月）「精神薄弱者地域生活支援援助事業（グループホーム）実施」制度化
平成2	1990	45	（4月）瑞穂町長選へ出馬し落選 （5月）事務上の不備が発覚し、南高愛隣会の理事長を辞任	（6月）「身体障害者福祉法」など「福祉8法」改正（地域福祉の重視）
第4次整備5カ年計画「人として生きる権利をどう保障していくのか」				
平成5	1993	48	（10月）南高愛隣会の理事長へ再就任 （10～11月）浅野史郎氏の宮城県知事選挙に携わる 浅野史郎氏の顧問に就任	
平成6	1994	49	島原市に故郷型自立訓練棟第1号「増田アパート」	
平成8	1996	51	（4月）宮城県福祉事業団副理事長に就任。宮城県に移り住む	（6月）「優生保護法」が「母体保護法」へ改正
平成9	1997	52	入所授産施設「雲仙愛隣牧場」の生活棟利用者がゼロになる 全員が自立訓練棟へ移動	
第5次整備5カ年計画「共に生き共に支え合う、安心できる福祉社会を」				
平成11	1999	54	（4月）宮城県福祉事業団理事長に就任	
平成12	2000	55		（4月）「介護保険法」施行 （6月）社会福祉基礎構造改革

平成14	2002	57	（11月）「船形コロニー施設解体宣言」 （12月）アジア太平洋障害者の十年最終年記念「障害者関係功労者内閣総理大臣表彰」受賞	
第6次整備5カ年計画「ふつうの場所で、愛する人との暮らしを」				
平成15	2003	58	南高愛隣会の「グループホーム解体宣言」 「結婚推進室ぶ～け」スタート	（4月）「支援費制度」施行
平成16	2004	59	（2月）「みやぎ知的障害者施設解体宣言」 （9月）雲仙愛隣牧場の施設解体を宣言	
平成17	2005	60	（4月）宮城県社会福祉協議会常勤副会長に就任 触法・累犯障がい者・高齢者への支援の実践をはじめる （11月）宮城県社会福祉協議会常勤副会長を辞任 宮城県から故郷の長崎県へもどる	
平成18	2006	61	「厚生労働科学研究・田島班」研究代表者就任（～2008年度）	（4月）「障害者自立支援法」施行 （12月）国連総会「障害者権利条約」を採択
平成19	2007	62	（3月）入所授産施設「雲仙愛隣牧場」及び入所更生施設「コロニー雲仙更生寮」閉園 （4月）通勤寮を除き、障害者自立支援法に基づく新体系に切り替え	
第7次整備5カ年計画「弱者を包み込む地域づくり」				
平成21	2009	64	（1月）「長崎県地域生活定着支援センター」開設 （4月）社会福祉法人初の指定更生保護施設「雲仙・虹」開設 （6月）「厚生労働科学研究・田島班」研究代表者就任（～2011年度） 村木厚子さん、浅野史郎さんの支援に奔走	（8月）「地域生活定着支援センター（地域生活定着推進事業）」制度化
平成23	2011	66	最高検察庁「検察運営全般に関する参与会」及び「知的障がい専門委員会」参与に就任	
平成24	2912	67	「共生社会を創る愛の基金」設立	（10月）「障害者虐待防止法」施行
第8次整備5カ年計画「幸せを実感できるようなサービスの提供を」				
平成25	2013	68	（10月）南高愛隣会の理事長を退任。顧問に就任	（4月）「障害者総合支援法」施行 （「障害者自立支援法」改正）
平成26	2014	69		（1月）「障害者権利条約」を批准
平成27	2015	70	（2月）南高愛隣会に「障害者虐待防止法」に基づく行政処分 この責任をとって南高愛隣会理事を退任	
平成28	2016	71		（4月）「障害者差別解消法」施行 （12月）「再犯防止推進法」施行
平成30	2018	73	（6月）「全国地域生活定着支援センター協議会」（全定協）会長退任 （10月）南高愛隣会が安心・安全なまちづくり関係功労者表彰（再犯防止分野）内閣総理大臣表彰受賞	

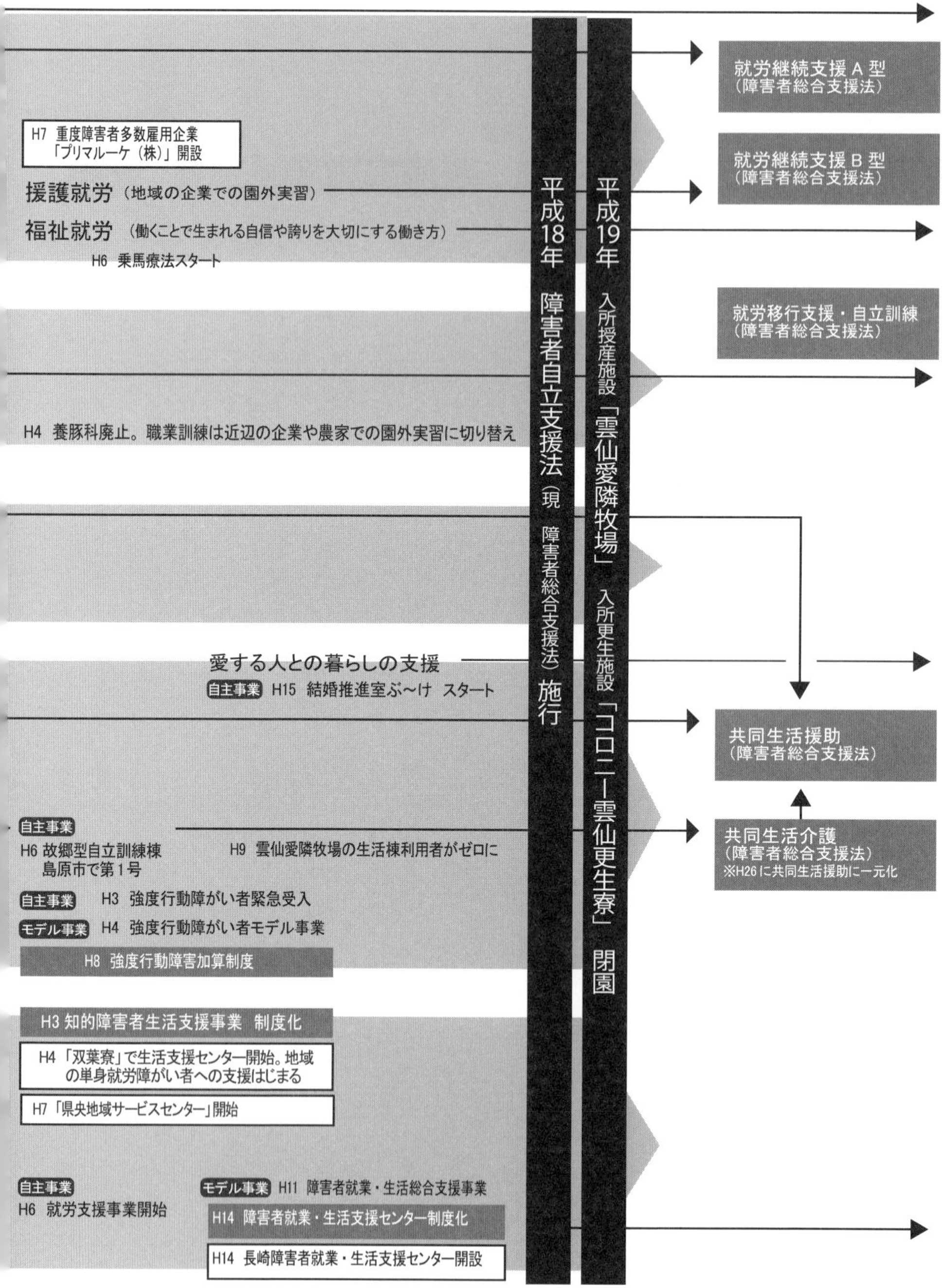

H7 重度障害者多数雇用企業「プリマルーケ（株）」開設
援護就労（地域の企業での園外実習）
福祉就労（働くことで生まれる自信や誇りを大切にする働き方）
H6 乗馬療法スタート
H4 養豚科廃止。職業訓練は近辺の企業や農家での園外実習に切り替え
愛する人との暮らしの支援
自主事業 H15 結婚推進室ぶ～け スタート
自主事業
H6 故郷型自立訓練棟 島原市で第1号
H9 雲仙愛隣牧場の生活棟利用者がゼロに
自主事業 H3 強度行動障がい者緊急受入
モデル事業 H4 強度行動障がい者モデル事業
H8 強度行動障害加算制度
H3 知的障害者生活支援事業 制度化
H4「双葉寮」で生活支援センター開始。地域の単身就労障がい者への支援はじまる
H7「県央地域サービスセンター」開始
自主事業
H6 就労支援事業開始
モデル事業 H11 障害者就業・生活総合支援事業
H14 障害者就業・生活支援センター制度化
H14 長崎障害者就業・生活支援センター開設
平成18年 障害者自立支援法（現 障害者総合支援法）施行
平成19年 入所授産施設「雲仙愛隣牧場」入所更生施設「コロニー雲仙更生寮」閉園
就労継続支援A型（障害者総合支援法）
就労継続支援B型（障害者総合支援法）
就労移行支援・自立訓練（障害者総合支援法）
共同生活援助（障害者総合支援法）
共同生活介護（障害者総合支援法）
※H26に共同生活援助に一元化

〈事業の変遷〉

■：制度化　□：南高愛隣会での設置

昭和53年 入所授産施設「雲仙愛隣牧場」・昭和56年 入所更生施設「コロニー雲仙更生寮」開設

働く場

一般企業への就職

福祉的雇用（福祉的支援を受けながら労働関係諸法の適用を受けて働く）

自主事業 S58「㈱アイリン産業」スタート

S60 知的障がい者の福祉工場制度化

S63 福祉工場「コロニーエンタープライズ」開設

職業訓練

自主事業 S56 知的障がい者の職業能力開発を提言

S58 労働省「重度障害者特別能力開発訓練事業」開始。重度障がい者へ2年間で社会適応訓練を実施

S60 第三セクターによる能力開発センター制度化

S62 第三セクター職業訓練法人長崎能力開発センター開校

施設内の家畜の飼育や施設園芸等で職業能力を養う

生活訓練

自主事業 S54 職業訓練の段階に応じて「自立訓練棟」で生活訓練を行う

S60 通勤寮「双葉寮」開設

S62 長崎能力開発センター開校（全員宿泊者制）

生活する

軽度・中度障がい者

自主事業 S54 入所施設を修了した人は「生活ホーム」で共同生活を送る

S58「中田ホーム」開設。地域の中に設けた最初の生活ホーム

S61 精神薄弱者生活ホーム（県単独事業）

H元 グループホーム制度化

H元 国の第1号のグループホームに7棟が認可される

重度・高齢の障がい者

自主事業 S60「あかつき荘」での重度・高齢者の自立訓練開始

地域生活支援

入所施設を修了した人には入所施設から職員が支援

S56 福祉ホーム「有明荘」（最初の地域生活の拠点）

S60 通勤寮「双葉寮」開設

自主事業 S60 生活支援ワーカー配置

自主事業 S61 アフターケアセンター配置

自主事業 H元「県南地域サービスセンター」開始

自主事業 S62 就労支援ワーカー配置

田島良昭（たしまよしあき）

昭和20年（1945）1月に雲仙市で田島十良の長男として生まれる。法政大学在学中から政治家をめざすが、福祉活動家の道へ転向。昭和52年（1977）10月、社会福祉法人南高愛隣会を設立し理事長に就任。以来、知的障がいのある人たちの“ふつうの場所でふつうの暮らしを”をめざして走り続けてきた。平成8年（1996）から宮城県福祉事業団副理事長、理事長を歴任。入所施設の解体宣言など、従来の障がい福祉に大鉈を振るってきた。平成25年（2013）南高愛隣会理事長を退任。現在は最高検察庁の検察運営全般に関する参与、刑事政策推進委員会の参与として国レベルの福祉改革に取り組んでいる。

一隅《いちぐう》を照らす蝋燭《ろうそく》に
障がい者が“ふつうに暮らす”を叶えるために

2018年11月30日　発行

著　者　田島良昭
発行者　荘村明彦
発行所　中央法規出版株式会社
〒110-0016 東京都台東区台東3-29-1 中央法規ビル
営　　業　TEL 03-3834-5817　FAX 03-3837-8037
書店窓口　TEL 03-3834-5815　FAX 03-3837-8035
編　　集　TEL 03-3834-5812　FAX 03-3837-8032
https://www.chuohoki.co.jp/

構成　松友 大
装幀・本文デザイン　株式会社えぬ編集室
印刷・製本　新津印刷株式会社

ISBN978-4-8058-5813-4

定価はカバーに表示してあります。
落丁本・乱丁本はお取替えいたします。